高等职业教育创新创业教育系列教材

创新创业实务

主　编　席佳颖

参　编　鲍洪霖　李囡囡

　　　　　杨　茜　秋懿婷

机械工业出版社

本书针对中小企业对创新创业人才的需求，按照教育部"创业基础"教学大纲的要求，围绕创新创业活动进行编写，具有适应面广，理论体系完整且新颖，针对性和可操作性都较强的优点。

本书重点介绍了创新和创业的基础知识；创业者与创业团队；创业资源；商业模式；创业计划；创业融资；新企业的机会识别与风险评估；新企业的成立和管理；新创企业的成长与经营战略等内容。

本书对学生的基础知识和学科背景没有要求，既可以作为高职院校创新创业通识课的教材，也可作为有志于创业的社会各界人士学习的辅导读物。

本书配有电子课件，凡使用本书作为教材的教师可登录机械工业出版社教育服务网www.cmpedu.com 下载，咨询电话：010-88379375。

图书在版编目（CIP）数据

创新创业实务 / 席佳颖主编. —北京：机械工业出版社，2019.9（2024.3 重印）
高等职业教育创新创业教育系列教材
ISBN 978-7-111-63638-0

Ⅰ.①创⋯ Ⅱ.①席⋯ Ⅲ.①创业-高等职业教育-教材 Ⅳ.①G717.38

中国版本图书馆 CIP 数据核字（2019）第 200315 号

机械工业出版社（北京市百万庄大街22号 邮政编码100037）
策划编辑：杨晓昱　　　　　　　责任编辑：杨晓昱
责任校对：张　力　佟瑞鑫　　　封面设计：马精明
责任印制：常天培
固安县铭成印刷有限公司印刷
2024 年 3 月第 1 版第 13 次印刷
184mm×260mm・9.75 印张・171 千字
标准书号：ISBN 978-7-111-63638-0
定价：35.00 元

电话服务　　　　　　　　　　　　网络服务
客服电话：010-88361066　　　　　机 工 官 网：www.cmpbook.com
　　　　　010-88379833　　　　　机 工 官 博：weibo.com/cmp1952
　　　　　010-68326294　　　　　金 书 网：www.golden-book.com
封底无防伪标均为盗版　　　　　　机工教育服务网：www.cmpedu.com

前 言

在全球经济一体化的大背景下,高校创新创业教育水平已成为国家软实力的重要构成部分。2012年,美国教育部响应美国政府"创业美国"的计划要求,联合相关教育机构,制订出一系列创业教育计划,试图将创业教育融入到中小学教育、职业和技术教育、社区学院教育以及大学教育之中,为美国未来经济发展培养创业人才。英国2012年公布总投入8250万英镑的"创业贷款"计划,专门为英国年轻人提供创业启动资金的支持,以及专业的创业知识培训、企业营运策略、创业实务指导、商业项目分析指导等。其他国家(如丹麦、挪威、瑞典、爱尔兰、德国、爱沙尼亚、葡萄牙等许多国家)也都把创业教育纳入国家高等教育战略之中。

我国高校创新创业教育的实施始于20世纪末,尽管起步较晚,但是发展迅猛,对提高高等教育质量、促进学生全面发展、推动毕业生创业就业、服务国家现代化建设发挥了重要作用。《教育部关于全面提高高等教育质量的若干意见》(教高〔2012〕4号)指出,要加强创新创业教育和就业指导服务,把创新创业教育贯穿于人才培养的全过程。教育部办公厅关于印发《普通本科学校创业教育教学基本要求(试行)》(教高厅〔2012〕4号)的通知中明确规定了"创业基础"的教学大纲,其目的在于适应高等教育发展的大趋势,适应建立创新型国家对人才的需求。《国务院办公厅关于深化高等学校创新创业教育改革的实施意见》(国办发〔2015〕36号)对加强创新创业教育提出明确要求。2018年国务院印发《关于推动创新创业高质量发展打造"双创"升级版的意见》提出进一步优化创新创业环境,为加快培育发展新动能、实现更充分就业和经济高质量发展提供坚实保障。

为进一步深化高校创新创业教育改革,提高教学质量,促进学生全面发展,浙江经济职业技术学院根据上述文件精神,于2015年成立梦想创业学院,积极推进创新创业意识和价值教育、能力与素质教育、实习与实训教育、实战与孵化教育，构建全链条式创新创业人才培养体系；不断深化高校、政府、企业之间的合作，努力推进校内外联动的创新创业实践基地建设；积极构建以"项目抚育、政策扶持、创业辅导、苗圃孵化、社会扶植、示范辐射"为核心的创新创业生态圈，形成统一领导、齐抓共管、多方参与、全社会共同关心支持创新创业教育和大学生自主创业的良好环境，开创了具有浙江特色的高校创新创业教育新局面。

本书由浙江经济职业技术学院席佳颖担任主编，鲍洪霖、李囡囡、杨茜、秋懿婷担任参编，具体章节分工如下：

第一、五、八章由席佳颖编写；第二章由杨茜、席佳颖编写；第三、四章由席佳颖、秋懿婷编写；第六章由席佳颖、鲍洪霖编写；第七、九章由李囡囡、席佳颖编写。

本书针对中小企业对创新创业人才的需求，按照教育部"创业基础"教学大纲的要求，围绕创新创业活动进行编写，具有适应面广，理论体系完整且新颖，针对性和可操作性都较强的优点。

本书对学生的基础知识和学科背景没有要求，既可以作为高职院校创新创业通识课的教材，也可作为有志于创业的社会各界人士学习的辅导读物。

本书在编写过程中，参考和借鉴了国内外同行的相关成果，由于涉及人士较多，恕未一一列举，特此说明，在此致以衷心的感谢！由于时间仓促，水平有限，本书仍存在一些不足，诚恳地欢迎各位同行和读者批评指正，谨致以崇高的敬意！

编　者

2019 年 4 月

目 录

前　言
开　篇　大学生创新创业教育概述　　　　　　　　　　　　　　　001

第一章　创新与创业　　　　　　　　　　　　　　　　　　　　　004

第一节　创新思维／006
第二节　创新能力和创新素质／010
第三节　什么是创业／014
第四节　创新创业与个人职业生涯发展／021

第二章　创业者与创业团队　　　　　　　　　　　　　　　　　　025

第一节　创业者／027
第二节　创业团队／033

第三章　创业资源　　　　　　　　　　　　　　　　　　　　　　042

第一节　创业资源的内涵与种类／044
第二节　创业资源的整合与获取途径／049

第四章　商业模式　　　　　　　　　　　　　　　　　　　　　　056

第一节　什么是优秀的商业模式／057
第二节　如何设计商业模式／060

第五章　创业计划　069

第一节　什么是创业计划 / 071
第二节　市场调研 / 074
第三节　撰写与展示创业计划书 / 078

第六章　创业融资　086

第一节　创业融资的策略和渠道 / 088
第二节　测算创业资金需求量的方法 / 094
第三节　创业融资实务 / 099

第七章　新企业的机会识别与风险评估　110

第一节　创业机会识别 / 112
第二节　创业风险评估 / 116

第八章　新企业的成立和管理　123

第一节　怎样成立新企业 / 124
第二节　新企业的生存管理 / 136

第九章　新企业的成长与经营战略　141

第一节　企业成长周期 / 143
第二节　企业的成长战略与创业式营销战略 / 145

参考文献 / 150

开　篇　大学生创新创业教育概述

十多年来，一些高校在国家有关部门和地方政府的积极引导下，对创新创业教育进行了有益的探索与实践。目前国内高校的创新创业教育主要有如下几种类型。

1. 以"挑战杯"及创业设计类竞赛为载体，开展创新创业教育

从20世纪90年代末开始，清华大学、复旦大学等高校就开始借鉴国外大学的经验，形成了以学生创业计划竞赛为载体的创新创业教育。随着全国性的"挑战杯"竞赛影响力的不断扩大，借助"挑战杯"运用第二课堂的形式开展大学生创新创业教育成为高校开展创新创业教育的形式之一。

2. 以大学生就业指导课为依托，开展创新创业教育

比如：上海对外经贸大学自2008级学生开始，将职业规划与发展培训的课程版块做了新的调整，在全体学生中开展创业教育，将创业教育4个学分中的1个学分列入学生的必修课程，同时还开设创业教育系列讲座，纳入选修课学分序列。

3. 以大学生创业基地（园区）为平台，开展创新创业教育

这种类型在南方院校比较常见，例如温州大学受区域文化中浓郁的重商理念的熏陶，成功构建了"学生创业工作室、学院创业中心、学校创业园"三级联动的创业实践平台。在"全真环境下"引导和推进大学生创业，学生必须按照国家工商、税务管理有关规定注册登记，所创办企业按照市场化运作，依法纳税，优胜劣汰，同时接受政府有关部门的监督管理。

4. 成立专门组织机构，推动创新创业教育的开展

比如，北京航空航天大学成立创业管理教育学院，西南民族大学成立创新创业中心，浙江大学成立研究生创新创业中心和未来企业家俱乐部。这些机构的成立，有效推动了创新创业教育的开展。

但是，当代大学生特别是高职院校大学生的创新创业教育仍旧存在一些问题。

1. 创新创业教育目标不够明确

当前，创业教育虽受关注和重视，但这主要来自政策环境和就业压力等外界因素的影响，创业教育的内驱动力不足仍是根本问题。大多数高校管理者把大学生创业教育视为从属于就业指导的部分内容之一，而非相对独立的体系。众多高校所推崇的创业教育大多以创业培训和创业大赛为内涵，在价值取向上带有明显的功利性，动辄兴建创业园、孵化器，关注的是如何帮助学生开公司，做老板，而非面向全体学生的"创新创业教育"。

2. 教育理念滞后，缺乏时代性

部分高校在对在校学生开展创新创业方面的教育和培训时，常常仅单方面考虑学校自身的教学条件抑或是在校学生的学习状况，甚少和专业的发展前景以及社会新兴行业的发展动态进行联系。传统、保守的教育观念下，高校的创新创业教育虽然能培养出来具有一定理论基础的学生，但学生们普遍不善于用理论来指导实践，难以实现真正创新。

3. 教育课程没有形成完善体系

在中国，高校的创新创业教育，从整体而言才刚刚起步，没有形成完善的课程体系，不能及时为在校大学生指出热门行业的发展趋势，也不能为在校大学生分析每个个体适合的行业。

4. 创新创业教育师资队伍不足

目前很多高校创新创业教育的团队人员往往是本校管理类人员、兼职教师、辅导员等，专职化、专业化师资数量明显不足，擅长企业经济管理实践工作的人更少。

5. 学生创新创业意识薄弱

很多高校在创业创新教育方面的体系不完善，难以培养学生的创业自主性和创新

意识，学生普遍求稳，很多学生的创业计划成了一纸空文。

因此，如何正确引导学生转变观念，投身创新创业实践活动，是创新创业教育的重中之重。

2015年5月，国务院办公厅在《关于深化高等学校创新创业教育改革的实施意见》中提到2015年起全面深化高校创新创业教育改革，2017年取得重要进展，到2020年建立健全高校创新创业教育体系。随后，教育部公布了《关于做好2016届全国普通高等学校毕业生就业创业工作的通知》，从2016年起所有高校都要设置创新创业教育课程，对全体学生开设创新创业教育必修课和选修课，纳入学分管理；对有创业意愿的学生，开设创业指导及实训类课程；对已经展开创业实践的学生，开展企业经营管理类培训。

第一章　创新与创业

Chapter One

学习目标与任务

1. 了解创新思维的含义，认识创新思维的种类。
2. 了解什么是创业？分辨狭义与广义的创业。
3. 了解蒂蒙斯创业过程模型，掌握创业的要素和过程。
4. 了解创新和创业的关系。
5. 认识创业对个人职业生涯发展的意义和作用。

乔布斯：领袖和跟风者的区别在于创新

苹果公司的口号"非同凡想"（Think Different），但怎样做才算是创新呢？这个问题并没有万全之策。

最简单的问句是"为什么？"小孩们时时刻刻都在问为什么，不只是想弄明白事情是如何运转的，更是想在他们的认知与新鲜事物之间搭起一座桥梁，使不熟悉的事物变熟悉。如果我们能学着像孩童一样把脑海中形成的偏见与认知抛在一边，重新去与新事物建立联系，我们便可能会产生全新的观点。这就是创新的奥秘。

不过，让事情"更简单"或"更好"也不是说越简单越好。有时候，适当增加一些特色会起到意想不到的效果。有关乔布斯和第一代 iPod，曾经发生过一件趣事。

乔布斯手上拿着 iPod，一只手拿着耳机接口往里插。工程师们在一边直冒冷汗，隐隐约约感觉到播放会出一些问题。

但是乔布斯并没有播放的意思，他把耳机拔出来又重新插了一遍。看到这个，工程师们又紧张了起来。离发布会只剩下几周了。乔布斯皱着眉，最后开口了，"我要点哪儿？"

听到这句话，工程师们很疑惑，问："点哪儿？什么意思？"

乔布斯回答："我是说，当你插上耳机的时候，人们会想要一个点击键。没有点击键作为反馈，人们就不知道耳机到底插好了没有，就会一遍一遍地重新插。"

当一个人能够注意到"点击键"这种看似微不足道的东西时，说明他已经与事物之间建立了某种新颖的关联，没有创新意识和丰富阅历的人是很难会注意到这一点的。

创业箴言

创新不是要打败对手，而是与明天竞争。

——马云

第一节 创新思维

一、创新思维的含义

创新活动是人们对未知世界的认识、发现和发明的活动过程。在这一过程中，感觉、知觉、记忆、想象等心理机制都将发生一定的作用，但起主要作用的是思维和想象，合起来简称创新思维。

创新思维是指以新颖独创的方法解决问题的思维过程。通过这种思维能突破常规思维的界限，以超常规甚至反常规的方法、视角去思考问题，提出与众不同的解决方案，从而产生新颖的、独到的、有社会意义的思维成果。创新思维的本质是将创新意识的感性愿望提升到理性的探索上，实现创新活动由感性认识到理性思考的飞跃。

二、创新思维的特点

1. 独立性

创新思维的独立性就是与别人不同，独具卓识。这是因为创新思维所要解决的问题是没有现成答案的，不能照搬常规、传统方法来处理，需要有新颖独特的思维。独立性体现在思维中的怀疑因子：对"司空见惯"者的质疑；力破陈规、锐意进取，勇于向旧的习惯传统进行挑战。

2. 联动性

创新思维的联动性指"由此及彼"，有创新想象的参与。想象是创造之母，它能结合以往的知识与经验，在头脑中形成创造性新形象，把观念的东西形象化，从而使创新活动顺利展开。其形式有纵向联动：发现一种现象后能顺其深入研究，追根究底；逆向联动：由一种现象想到其反面；横向联动：由一种现象联想与之相似、相关的事物。

3. 多向性

创新思维的多向性指善于从不同的角度想问题。追求目标要执着，但我们不赞成思维的执着。多向思维依赖于发散机制：对同一问题可提出多种设想答案，即发散思维能力；换元机制：可灵活地变换影响事物质和量的众因素中的某一个，从而产生新的思路；转向机制：思维在一个方向受阻后可马上转向另一方向；创优机制：寻找最优答案。

4. 综合性

创新是一种探索性的活动，从问题的发现、提出到创造成功，整个过程包含许多曲折反复，因而也有多种思维方式的参与：既有知觉的洞察和灵感的闪现，又有想象的驰骋和类比的启迪，更不乏演绎与归纳、发散与集中、假象与试探。只有突破刻板思维的约束，综合灵活地运用多种创新性思维方法，才会有非同寻常的创新结果。

三、创新思维的种类

1. 发散思维

发散思维又称辐射思维、放射思维、扩散思维，是指大脑在思维时呈现的一种扩散状态的思维模式，比较常见，它表现为思维视野广阔，围绕一个问题，突破常规思维的束缚，沿不同方向去思考、探索，寻求解决这一问题的各种可能性，思维呈现出多维发散状。

通常人们考虑问题，总是由提出问题的起点到解决问题的终点，喜欢按一条思路进行，走不通就停下来，问题被搁置。也许，换一个思路从不同角度去考虑就很容易解决问题。思维扩散的范围越广，产生的设想越多，解决问题的可能性就越大。

发散思维的常用操作方式有：材料发散，就是以某种材料为基点，设想它的多种用途，并对材料的各种专用特性进行研究、改进，达到要求的目标，如纸可用于写字、包装、制作玩具、引火等；功能扩散，以某种事物的功能为扩散中心，设想这种功能的其他用途，如灯可用于发热、发光、取暖、烘烤、发信号等；形态扩散，以某种事物形态（颜色、形状、声音、气味等）为扩散中心设想出能被利用的各种可能性，如钉子可以钉木板（把两种材料联结，挂物体）、钉墙面（水泥钉）等。

2. 逆向思维

逆向思维是一种比较特殊的思维方式，它的思维取向总是与常人的思维取向相反，比如人弃我取，人进我退，人动我静，人刚我柔等等。这个世界上不存在绝对的逆向思维模式，当一种公认的逆向思维模式被大多数人掌握并应用时，它也就变成了正向思维模式。它并不是主张人们在思考时违逆常规，不受限制地胡思乱想，而是训练一种小概率思维模式，即在思维活动中关注小概率可能性的思维。逆向思维是发现问题、分析问题和解决问题的重要手段，有助于克服思维定式的局限性，是决策思维的重要方式。

逆向思维主要包括反向思维、雅努斯式思维和黑格尔式思维。反向思维，即通常对普遍接受的信念或做法进行质疑，然后察看它的反面是什么。如果对立面是有道理的，那么就朝对立面方向进行。雅努斯式思维，指在人的大脑里构想或引入事物的正反两个方面，并使它们同时并存于大脑里，考虑它们之间的关系、相似之处、正与反、相互作用等，然后创造出新事物。这种双面思维相当艰难，因为它要求保持两个对立面并存在你的大脑中，是一种大脑技能。黑格尔式思维，指采取一种观念，容纳它的反面，然后试着把两者融合成第三种观念，即变成一种独立的新观念。这种辩证的过程需要三个连续的步骤：论题、反题以及合题。

3. 求异思维

善于"标新立异"是发明家的共同之处。这就需要我们有一种求异思维，在常人习以为常的工具、用具、方法中标新立异，创出新品。求异思维的关键在于不受任何框架、任何模式的约束，能够突破、跳出传统观念和习惯势力的禁锢，从新的角度认识问题，以新的思路、新的方法创造。日常所说的"出奇制胜"，就是求异思维，使"圆变方，纵变横，平面变立体，飞机入水，船上天"。

4. 类比思维

类比思维是一种逻辑思维方式，人们通过类比已有事物，开启创造未知事物的创新思路。它把已有的事和物与一些表面看来与之毫不相干的事和物联系起来，寻找创新的目标和解决的方法。常见的方式有形式类比、功能类比和幻想类比等多种类型。

形式类比包括形象特征、结构特征和运动特征等几个方面的类比，不论哪个形式都依赖于创造目标与某一装置或客体在某些方面的相似关系。如人类根据鸟的飞行原理制成了飞机，飞机高速飞行时机翼产生强烈振动，有人根据蜻蜓羽翅的减振结构设计了飞机的减振装置。

功能类比是根据人们的某种愿望或需要类比某种自然物或人工物的功能，提出创造具有近似功能的新装置的方法，这种方法特别在仿生学研究中有广泛应用，例如鳄鱼夹、各种机械手等。

幻想类比是根据幻想中的某种形象、某种装置进行发明创造。例如《海底两万里》的作者幻想了一种能长时间在海底活动的潜艇，经过几十年的努力后制成的现代潜艇即是这种幻想的实施。

5. 综合思维

在发明创造中，把几个不同的主意组合起来，取其长处、相互补充，用以解决一道难题或者完成一件作品，这就是综合思维，又称集中思维。

综合思维可以综合多种方法，对原理、设计、结构进行合理改进、互补、综合，达到理想目标。综合思维与发散思维不同，综合思维由多点集中到一点，而发散思维是由一点扩散到多点。

第二节
创新能力和创新素质

一、创新能力的含义

综观近十年的研究成果,虽然国内学者对创新能力的理解各不相同,但他们对创新能力内涵的阐述基本上可以划分为以下三种观点。

第一种观点以张宝臣、李燕、张鹏等为代表,认为创新能力是个体运用一切已知信息,包括已有的知识和经验等,产生某种独特、新颖、有社会或个人价值的产品的能力。它包括创新意识、创新思维和创新方法三部分,核心是创新思维。

第二种观点以安江英、田慧云等为代表,认为创新能力表现为两个相互关联的部分,一部分是对已有知识的获取、改组和运用;另一部分是对新思想、新技术、新产品的研究与发明。

第三种观点从创新能力应具备的知识结构着手,以宋彬、庄寿强、彭宗祥、殷石龙等为代表,认为创新能力应具备的知识结构包括基础知识、专业知识、工具性知识或方法论知识及综合性知识四类。上述三种观点,尽管表述方法有所不同,但基本上都是对创新能力内涵不同维度的解释。

综上,创新能力是指运用知识和理论,在科学、艺术、技术等各种实践活动领域中不断提供具有经济价值、社会价值、生态价值的新思想、新理论、新方法和新发明的能力。它是一种综合能力,是以广博的知识为基础的。它并非间接作用于创新实践活动,而是直接影响和制约着创新实践活动的进行,是创新实践活动赖以启动和运转的操作系统。对于大学生来说,创新能力更多的是指学生在学习过程中所表现出来的探索精神,发现新事物、掌握新方法的强烈愿望,以及运用已有知识创造性地解决问题的能力。

二、创新能力的基本特征

大学生正处于身心、学识不断发展的阶段,在外界环境和自身因素的作用下,其创新能力表现出以下基本特征。

1. 主动性

主动性表现为大学生主动地学习、参与各项科研创新活动，充分发挥自身主体的积极作用。教育中既需要教师发挥主导作用，积极引导，更需要学生发挥能动性，主动参与，只有把两者有机地结合起来，才能使学生在深层次的参与中，通过自主的"做"与"悟"，培养创新能力，发挥个性优势。

2. 实践性

实践是创新的源泉，也是人才成长的必经之路。个人的能力包括创新能力都是在社会实践中形成和发展起来的。大学生创新能力的培养无论是培养的目的、途径，还是最终结果都离不开实践。创新本身就是一种创造性的实践，必须坚持以实践作为检验和评价大学生创新能力的唯一标准。

3. 协作性

创新能力的协作性表现为由若干人或若干单位共同配合完成某一任务。大学生的创新能力不只与他们的智力因素有关，个性品质中的协作特征作为非智力因素在很大程度上影响着他们创新潜能的发挥。

4. 发展性

创新能力的发展性表现在创新能力不是一成不变的，它是一种潜在的综合能力，受多种内外因素的影响。大学生正处于身心不断发展的阶段，其创新能力必然随着个体知识结构、思维方式的进步及更多深层次的实践活动而不断提升。

三、创新能力的构成

1. 学习能力。获取、掌握知识、方法和经验的能力，包括阅读、写作、理解、表达、记忆、搜集资料、使用工具、对话和讨论等能力。

2. 分析能力。事物是由不同要素、不同层次、不同规定性组成的统一整体，分析能力是指把事物的整体分解为若干部分进行研究的技能和本领。

3. 综合能力。综合能力是指把事物的各个要素、层次和规定性用一定线索联系起来，从中发现它们之间的本质关系和发展规律。

4. 想象能力。以一定知识和经验为基础，通过直觉、形象思维或组合思维，不受已有结论、观点、框架和理论的限制，提出新设想、新创见的能力。

5. 批判能力。在学习、吸收已有知识和经验时，批判能力保证人们不盲从，而是批判性地、选择性地吸收和接受，去粗取精、去伪存真。

6. 创造能力。创造能力是创新能力的核心，它是指首次提出新的概念、方法、理论、工具、解决方案、实施方案等的能力，是创新人才的禀赋、知识、经验、动力和毅力的综合体现。

7. 解决问题的能力。包括提出问题和凝练问题，针对问题，选择和调动已有的经验、知识和方法，设计和实施解决问题的方案，对于难题，能够创造性地组合已有的方法，乃至提出新方法来予以解决。

8. 实践能力。发明成果只是创新活动的第一阶段，要使成果得到承认、传播、应用，实现其学术价值、经济价值和社会价值，必须要和社会打交道，实践能力就是为实现这一目标而进行的各种社会实践活动的能力。

9. 组织协调能力。组织协调能力的实质是通过合理调配系统内的各种要素，发挥系统的整体功能，以实现目标。对于创新人才来说，要完成创新活动，就要协调各方，当拥有一定资源时，就可通过沟通、说服、资源分配和荣誉分配等手段来组织协调各方以最终实现创新目标。

10. 整合能力。创新人才的宝贵之处不仅在于拥有多种才能，更重要的是能够把多种才能有效地整合在一起的能力。整合能力是能力增长和人格发展的结果，这需要通过学习、实践和人生历练。能否完成重大创新，拥有整合能力是一个关键。

四、 创新素质

1. 创新精神

创新精神是指具有能够综合运用已有的知识、信息、技能和方法，提出新方法、新观点的思维能力和进行发明创造、改革的意志、信心、勇气和智慧。创新精神是一个国家和民族发展的不竭动力，也是大学生应该具备的基本素质。

创新精神是科学精神的一个方面，以敢于摒弃旧事物、旧思想，创立新事物、新思想为特征，同时又以遵循客观规律为前提，只有当创新精神符合客观需要和客观规律时，才能顺利地转化为创新成果，成为促进自然和社会发展的动力。

2. 创新意识

创新意识是指人们根据社会和个体生活发展的需要，引起创造前所未有的事物或观念的动机，并在创造活动中表现出的意向、愿望和设想。

创新意识是人类意识活动中的一种积极的、富有成果性的表现形式，是人们进行创造活动的出发点和内在动力，是创造性思维和创造力的前提。

创新意识包括创造兴趣、创造情感和创造意志。创造兴趣能促进创造活动的成功，是促使人们积极追求新奇事物的一种心理倾向；创造情感是引起、推进乃至完成创造的心理因素，具有正确的创造情感才能使创造成功；创造意志是在创造中克服困难，冲破阻碍的心理因素，创造意志具有目的性、顽强性和自制性。

3. 创新动机

创新动机，是指引起和维持主体创新活动的内部心理过程，是形成和推动创新行为的内驱力，是产生创新行为的前提。创新主体的创新动机并不是单一的，而是多元的，这既与创新主体的价值取向有关，也与组织的文化背景、创新者的素质相关。

第三节 什么是创业

一、创业的含义

创业（Entrepreneurship）的定义多种多样，虽然创业是管理领域的核心词汇，但是它还涉及经济学、社会学、心理学等不同学科领域的内容。

早期的创业概念通常带有经济学的视角，把创业看作商业领域的事情。德国社会学家马克思·韦伯认为，创业是指接管和组织一个经济体的某个部分，并且以自己可以承受的经济风险通过交易来满足人们的需求，目的是为了创造价值。随着社会的发展的研究深入，创业的应用范围得到了很大的延伸。美籍奥地利经济学家熊彼特以创新视角分析创业的手段和本质是创新，认为实现创新是创业者通过组合新的生产要素并改革生产方式，是"创造性破坏"均衡的过程。美国"创业教育之父"蒂蒙斯在《创业学》中提到，创业是一种思考、推理和行为方式，它为机会所驱动，需要在方法上全盘考虑并拥有和谐的领导能力。

在国内，学者李志能指出创业是一个复杂的过程，识别和抓住机会是先决条件，在合理配置和有效利用资源的基础上，生产出新产品，提供新服务，挖掘并实现潜在价值。张映红站在战略高度上，指出创业已不再是利用市场机会和合理配置资源的简单过程，而是升级到战略规划、技术变革和服务至上的综合高度。

因此，狭义的创业，即创办新企业，是指创业者的生产经营活动，主要是开创个体或团的小业。广义的创业是指创业者的各项创业实践活动，并富有创新与创业精神的内蕴，其功能指向是成就个人、团队，乃至国家、社会的大业。本书定义创业是具有风险承担能力的创业者或潜在创业者组织并参与的创造性活动，是创新活动的行为过程。创业者的市场触觉能够识别和把握机会，获取和整合资源，创造有价值的新事物的活动过程。

二、创业的要素与类型

（一）创业的要素

科学合理地理解创业，要把握以下三个要素：

一是创业是创业者对自己拥有的资源或通过努力对能够拥有的资源进行优化整合，从选择一个创业项目开始，通过对创业项目的认识、理解和把握，从而创造出更大经济或社会价值的过程。二是创业是一种劳动方式，是创业者的一种自主性行为，是创业者对生活方式的一种选择。三是创业管理不同于企业管理。创业管理研究的是创业行为，是一个企业从无到有的创办过程，企业管理研究是以企业存在为前提的，研究的是如何才能发展得更好的问题。

（二）创业的类型

1. 自主创业

自主创业是指劳动者主要依靠自己的资本、资源、信息、技术、经验以及其他因素自己创办实业，解决就业问题，也就是传统认为的白手起家。自主创业的目的并非以挣钱为主，而是不愿替人打工，受制于人，要干自己想干的事，体现自我人生价值。自主创业充满挑战和刺激，个人的想象力、创造力可得到最大限度的发挥，有一个新的舞台可供表现和实现自我；可多方面接触社会、各种类型的人和事，摆脱日复一日的、单调乏味的重复性劳动；可以在短时期内积累财富，奠定人生的物质基础，为攀登新的人生巅峰做准备。然而，自主创业的风险和难度也很大，创业者往往缺乏足够的资源、经验和支持。

2. 脱胎创业

脱胎创业又称母体脱离创业，是公司内部的管理者从公司中脱离出来，新成立一个独立企业的创业活动。脱胎创业现象也比较常见，如母公司随着规模扩大，追求生产专业化，分出新的企业；创业团队因各种原因分离，而把母公司分割或解体成多个部分；母公司资本积累充足，又发现了新的商业机会，为扩大经营规模领域，投资建立新企业等。

脱胎创业成功率较高，因为分离出来的创业者或管理者具备一定的经营管理经验，熟悉公司运作，能够吸收母公司的经验教训，少走弯路而成功创业。再者，分离出来的新企业在产品和服务上与母公司有许多相同之处，多数在同一行业，在产品技术、管理团队的经验和客户资源上都具备一定的基础。

3. 二次创业

二次创业，就是企业在取得高速增长之后，为了谋求进一步的发展而进行的内部变革过程。其实质是企业发展到一定阶段所进行的一次战略转型，是企业发展过程中的一次革命性的转变。二次创业首先要解决的是抛弃过去曾经使企业创业成功的做法，推陈出新，用新的管理模式替代旧的模式。进行二次创业的企业要想获得成功，关键是要告别过去凭借个人素质来赢得并把握机会的模式，重新建立起一个依靠企业整体素质来实现持续发展的管理体系，这场变革对企业每个人来说都是一个脱胎换骨的过程。

三、创业的过程

（一）蒂蒙斯创业过程模型

蒂蒙斯创业过程模型（图1-1）指的是一种商业模型，主要包含以下内容。

第一，商业机会是创业过程的核心驱动力，创始人或工作团队是创业过程的主导者，资源是创业成功的必要保证。

第二，创业过程是商业机会、工作团队和资源三个要素匹配和平衡的结果。

处于模型底部的创始人或工作团队要善于配置和平衡，借此推进创业过程，他们必须做的核心过程是：对商机的理性分析和把握，对风险的认识和规避，对资源的最合理的利用和配制，对工作团队适应性的分析和认识。

第三，创业过程是一个连续不断地寻求平衡的行为组合。

在三个要素中绝对的平衡是不存在的，但企业要保持发展，必须追求一种动态的平衡。展望企业未来时，创业者必须思量的问题是：目前的团队是否能领导公司未来的成长、资源状况；下一阶段成功面临的陷阱。这些问题在不同的阶段以不同的形式出现，牵涉到企业的可持续发展。

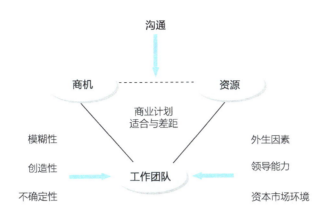

图 1-1　蒂蒙斯创业过程模型

(二) 创业的一般过程

创业的一般过程模型（图 1-2）是从创业者产生创业想法，到创建新企业或开创新事业，并获取回报的过程，涉及识别机会、组建团队、寻求融资等一系列活动，通常分为以下六个主要环节。

图 1-2　创业的一般过程模型

1. 产生创业动机

创业动机是创业机会识别的前提，是创业的原动力，它推动创业者去发现和识别市场机会。当然，不少人是因为看到了创业机会，由于潜在收益的诱惑才产生了创业动机，进而成为一名创业者或创业团队人员。

一个人能否成为创业者，会受三方面因素的影响：一是个人特质。每个人都可能具有创业精神，但其创业精神的强度不同，强度的大小有遗传的成分，更受环境的影响。比如温州人的创业意愿相对强烈，其中环境起到了很大的作用。二是创业机会。创业机会的增多会形成巨大的利益驱动，促使更多的人尝试创业。社会经济转型、技术进步等多方面的因素在使创业机会增多的同时，也会降低创业门槛，进而促成更大的创业热潮。三是创业的机会成本。人们能从其他工作中获得高收入和需求满足，创业意愿就会低。

2. 识别创业机会

识别创业机会是创业过程的核心环节。识别创业机会包括发现机会来源和评价机会价值。一般应理清四个基本问题：

第一，机会何来？就是说创业者应该找到创业机会的来源在哪里。

第二，受何影响？就是说创业者应该找到影响创业机会的相关因素。

第三，有何价值？就是说创业者应该找到创业机会所具有的并能被评价的价值。

第四，如何实现？就是说创业者应该明了能通过什么形式或途径使机会变成实际价值。

围绕这些问题，创业者在识别创业机会阶段需要采取行动多交流，多观察，多获取，多思考，多分析，最终抓住创业机会。

3. 整合有效资源

整合资源是创业者开发机会的重要手段。一般情况下，创业者可以直接控制的可用资源往往很少，创业几乎都会经历白手起家、从无到有的过程。对创业者来说，整合资源，首先是要能组建团队，凝聚志同道合的人；另外是要能进行有效的创业融资；再则，是要有创业的基础设施，包括创业活动的场地和平台。

创业是在创业者面对资源约束情况下开展的具有创造性的工作，一定会面临很大的不确定性，所以，创业者在创业初期乃至新企业成长的很长时间里，都要把主要精力放在资源的获取上，以解决企业的生存问题。此外，创业者还需要围绕创业机会设计出清晰的有吸引力的商业模式，有时还需要向潜在的资源提供者陈述和展示创业计划，以获取更多的资源支持。

4. 创建企业

新企业的创建是创业者的创业行为最为直接的成果。创建新企业包括企业注册、经营地址的选择，确定进入市场的途径，是选择完全新建企业还是加入或收购现有企业等。值得注意的是，许多创业者在创业初期迫于生存的压力，以及对未来缺乏准确预期，往往容易忽视这部分工作，结果给以后的发展留下了隐患。

5. 提供市场价值

真正促成创业目标最终实现的前提是看创业者能否提供市场价值,这关系新企业的生存与成长。因此,创业者必须面对挑战,采取有效措施,不断地让客户受益,从而获得企业的长期利润,逐步把企业做活、做好、做大、做强。

6. 收获创业回报

收获回报是创业活动的主要目的,对回报的获取有助于促进创业者的事业发展。回报可能是多种多样的,对回报的满意程度在很大程度上取决于创业者的创业动机。调查发现,创业者的创业动机不同,对创业回报的态度和想法也有所不同。对多数年轻创业者来说,获取回报最为理想的途径之一,是让自己创建的企业快速成长,并成功上市。

四、创业素质

1. 创业精神

尽管通常意义上的创业是以新创企业或组织的方式进行,但创业精神不一定只存在于新创企业或组织之中。对于一些成熟的企业或组织,只要创业者具备求新、求变、求发展的心态,以创新的方式为企业或组织创造价值,就具备了创业精神。

可以说,创业精神代表的是一种以创新为基础的思维方式,是一种发掘机会、组织资源、创造新价值的过程。因此,创业精神并不能仅仅停留在精神或心理层面,必须付诸行动,必须将创业观念与创业实践结合起来,才会产生结果,创造出新的经济或社会价值。创业精神具有创新性、综合性、整体性、时代性、动态性和持久性等方面的特征,是时代精神的反映,是对创新创业型人才素质的要求。对创业者而言,需要树立自信、自主、自立、自强的创业精神,这是进行创业活动的灵魂和支柱,是开创新生活、追求幸福明天的精神信念。

2. 创业意识

创业意识是指在创业活动中创业者的个性意识倾向,包括创业需要、动机、兴趣、理想和世界观等要素。

创业意识集中表现了创业者的素质,支配着创业者的态度和行为,引导着创业的方向，具有较强的选择性和能动性，是创业素质的重要组成部分，是人们从事创业活动强大的内在驱动力。

3. 创业心理

创业心理是指对创业者在创业过程中的心理和行为起调节作用的个性心理特征。创业心理与个人固有的气质、性格有密切的关系，反映了创业者的意志、情感和品质。

成功创业在很大程度上取决于创业者的创业心理。心理学家研究发现，成功的创业者往往具有一些不同于常人的共同心理特征，这其中包括：成就需求、风险承担和控制倾向等。

创业之路总是充满着艰险与曲折，需要创业者具有非常强的心理调控能力，保持一种积极、沉稳、健康的心态。

第四节
创新创业与个人职业生涯发展

一、创新与创业的关系

1. 创新是创业的本质与源泉

美籍奥地利经济学家熊彼特曾提出,"创业包括创新和未曾尝试过的技术"。创业者只有在创业的过程中具有持续不断的创新思维和创新意识,才可能产生新的富有创意的想法和方案,才可能不断寻求新的模式,新的思路,最终获得创业的成功。

2. 创新的价值在于创业

从一定程度上讲,创新的价值在于将潜在的知识、技术和市场机会转变为现实生产力,实现社会财富的增长,造福于人类社会。而实现这种转化的重要途径就是创业,创业者可能不是创新者或是发明家,但必须具有能发现潜在的商机和敢于冒险的精神;创新者也不一定是创业者或是企业家,但是创新成果需经创业者推向市场,使潜在的价值市场化,才能转化为现实生产力,这也侧面体现了创新与创业的相互关联。

3. 创业推动并深化创新

创业可以推动新发明、新产品或新服务的不断涌现,创造出新的市场需求,从而进一步推动和深化各方面的创新,因而也就提高了企业乃至整个国家的创新能力,推动经济的增长。

二、创新创业能力对个人职业生涯发展的意义和作用

1. 创新创业教育能增强人们自我认知的敏锐性

创新创业教育能培养人们的创新意识和创业精神,从而增强人们自我认识的敏锐性。创新意识在引导人们发现客观世界新鲜事物的同时,也启迪人们客观对待人的生理、心理和性别等差异,对自身的兴趣和特长更加敏感,敢于发现、肯

定和主动培养自己的优势，挖掘自身潜力，尝试新的领域，在职业生涯规划中扬长避短，个性化地设计自己的职业生涯，而不是人云亦云，按照一个模式发展，从而丧失培养自身优势的良机。创业精神则使人们在创业实践中不断开拓进取和锐意创新，有助于人们发现自我、实现自我。

2. 创新创业教育能引导人们主动进行职业探索

职业是一个发展的概念，职业生涯是一个动态发展的过程。职业生涯规划不是一成不变的计划，而是个体在自我认知的基础上，基于对未来职业的前瞻性和全局性认识，对客观世界发展变化的主观预期和主动适应。创新创业教育有助于引导人们主动地进行职业探索，积极地规划未来，以良好的心态，在职业生涯的发展中不断调整自我，更新自我，完善自我，以适应外部职业环境的变化，使自身的职业规划与社会发展互动。

3. 创新创业教育能提升人们职业生涯发展的高度和广度

创新创业教育培养人们的求异思维，使人们带着创业的思路去就业，以创业带动就业，在工作岗位上不断创新，为社会做出更大的贡献。创新创业教育也能增强人们的岗位转换能力和抗挫折能力，使之不惧怕失业和失败，在职业生涯的发展中不断开辟新路。因此创新创业教育能为职业生涯发展提供源源不断的精神动力和智力支持，给人以百折不挠的毅力和坚定的信心，不断提升个体职业生涯发展的高度和广度。

活动一　利用感官进行自我介绍

利用感官撰写自我介绍演讲稿。结合大家盘点的自我特征用感官来描述，形成一个"有创造力的我"，具体如下：

◇ 我的姓名是：

◇ 我是一名：

◇ 我利用感官来介绍自己：

◇ 我看起来像：

◇ 我闻起来像：

◇ 我听起来像：

◇ 我品尝起来像：

◇ 我最近的冒险经历是：

活动二　大学生创业者生涯规划访谈

结合身边的创业者，走进大学生创业园，对大学生创业者进行访谈，记录他们的创业感受和创业过程，然后编写创业者生涯规范访谈记录。

　　具备企业家才能的"创业领袖"

企业家才能（Entrepreneurship）指企业家经营企业的组织能力、管理能力与创新能力。企业家是创新创业的主体，企业家创新是转型发展的推动力，企业家创业活动是经济增长的新引擎。创业公司处于事业的开创期，每一步经营战略都至关重要，无论是产品开发、服务开发、市场开拓、客户管理还是成本控制，都需要有高效执行力与超群领导力的人来指挥布局、带领创业团队披荆斩棘、一路向前。

创业公司执行官（Chief Executive Officer，简称CEO）一般都是由具备企业家才能的人来担任，他们通常是创业公司的创始人，对创业项目充满激情、敢于超越自我与不断挑战，能够承担风险、拥有高于一般雇员的胆识与抗压能力。CEO既受命于董事会，为公司提供经营管理服务并承担企业资产保值增值责任，又是创业公司实际管理、日常经营的掌舵人，执行创业公司的战略任务，因此常常被认为是创业公司的"灵魂人物"。比如小米的创始人雷军、美团的创始人王兴等。

此外，创业公司在成长与壮大的过程也会引进职业经理人（Professional Manager）。一般认为以经营管理工作为长期职业，具备综合领导能力和丰富的实践经验，在财会、生产管理、技术等方面业绩突出的中高层经营管理者就是职业经理人。比如，原用友软件总裁何经华，先后以出色业绩供职于TCL和长虹的"手机狂人"万明坚，他们都是职业经理人中的优秀代表。

学习反思

创业始于梦想,成于坚持。马云曾说:"我觉得创业者首先要有一个梦想,这很重要,你没有梦想的话,为做而做,别人让你做是做不好的。第二要有毅力,没有毅力做不好,从我自己的经验,我每次创业的时候,有一个美好设想的过程,但是往往你走到那儿,它不一定美好。所以你要告诉自己,自己走的路上面每天碰到的事情特别多。我1995年创办黄页,然后又开始创业做阿里巴巴,我觉得自己反正已经倒霉,这个不成,那个也不成,反正再做十年,倒霉也无所谓了,毅力很重要。"因此,创业对于大学生而言,前期梦想的沉淀和后期的坚持尤为重要。

第二章　创业者与创业团队

学习目标与任务

1. 了解创业者的内涵，掌握创业者素质模型的构造。
2. 掌握创业团队角色的组建和管理的基本知识。
3. 能够运用所学知识，合理组建创业团队。

大学生"创业团队"

王某等人均为某大学自动化专业应届本科毕业生，合伙经营一家计算机服务公司，主要业务包括组装计算机的导购、计算机及配件的代售、计算机故障的维修。

2017 年王某等人参加了学校的创业计划大赛，虽然比赛结果并不很突出，却激发了他们的创业热情。比赛结束后，王某就和同学们商量成立计算机服务公司，准备进行真实的创业。他的这一想法得到了其他 8 名同学的响应。

通过商议，王某出资 4000 元，其余每人出资 2000 元，共计 20000 元启动资金。同年 7 月，正式成立科技创业公司。在后来的经营当中，有两名同学因为自身经济困难而撤资，其他 7 名同学继续维持经营。这 7 名同学根据自身特点和专业特长，分别负责公司的各项业务，同时店面的营业人员由 7 名同学轮流充当。

由于关系良好，平常的工作分享业绩并不直接与利益挂钩，而采取平均分配利润的方式。公司营业 1 年多来，业绩尚可，已收回投资，并于 2018 年 9 月开始赢利，当然，这没有计算 7 名同学的人力投资。

在经营中，公司成员发现自身存在很多不足，于是有意识地参加了一些管理知识和专业技能的培训，公司承担部分培训费用。现在公司准备搬迁至位置较好的商业区，但存在资金短缺的问题。不过谈起个人发展，公司的成员都较为乐观，对于未来创业也很有信心。

同学们，你认为案例中的创业团队哪些做法值得改进和推广？

创业箴言

凡是经过考验的朋友，就应该把他们紧紧地团结在你的周围。

——莎士比亚

第一节 创业者

一、谁是创业者

对创业者概念的理解，也是随着创业理论发展而不断丰富的。1755年法国经济学家坎蒂隆最早在经济学领域使用创业者，1800年法国经济学家萨伊将创业者描述为将经济资源从生产力较低的区域转移到生产率较高区域的人，并且认为创业者是经济活动过程中的代理人。对创业者的定义，大部分学者公认的观点是指导并创建新企业，为企业提供生产力的人。

本书定义创业者是通过学习不断提高能力、识别和掌握市场机会、对业务进行开拓和调整、敢于承担不确定风险，使企业成功创建并持续经营的人。创业者可以是参与创业活动的核心成员，是创业队伍的灵魂人物，如乔布斯、马云，也可以是创业活动的全部成员，如参与到乔布斯或者马云的创业活动中的人，也都是创业者。

创业者在发展事业过程中受诸多因素影响：一是个体自身因素，由于身份建构具有个体差异性，每个创业者都是带着一定的独特性进行创业的。二是外界情境因素，由于创业活动是一种重要的社会活动，因此社会身份在创业活动中的重要性更加受到重视，即创业者应该关注创业者身份的社会接受度。

二、创业者素质模型

创业者应具备一定的知识、能力和特质。知识包括技术知识、管理知识以及通识类知识。技术知识主要包括行业发展技术知识、现代科技知识，特别是计算机网络技术知识；管理知识主要包括企业战略、生产运营、市场营销、财务管理、人力资源管理、信息管理、法律等方面的知识；通识类知识主要包括自然科学知识、人文科学知识、社会科学知识等。

创业者应具备的能力包括机会识别与开发能力、资源整合与组织规划能力、战略规划能力、人际沟通能力和影响能力、概念相关能力、承诺相关能力。

创业者应具备的特质主要包括事业心、风险意识、自信、情绪稳定、诚信等。

以实现现代服务业发展为例,在对服务业人员访谈调查的基础上,建立现代服务业大学生创业者素质模型层次递阶结构,如图2-1所示。

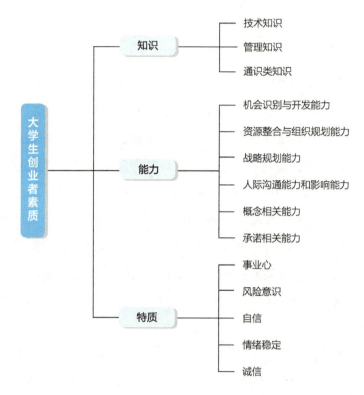

图2-1 现代服务业大学生创业者素质模型层次递阶结构

三、创业者的动机

(一)创业动机的概念

行为心理学认为"需要产生动机,进而导致行为。"创业的直接动机就是需要。创业者的创业动机大体上可以从经济需要和社会需要两个层面来进行分析。出于经济需要的创业动机,主要是指创业者为了满足个体生理和安全方面的需要而进行的追求财富的一种创业动机,这是创业者的原始动机和基本动机。出于社会需要的创业动机主要是指在经济的需要得到满足或基本满足后,创业者希望得到社会地位、社会认可、社会赏识、获得成就感、实现自身价值等而进行创业的动机。

（二）产生创业动机的驱动因素

创业动机驱动因素可分为就业驱动型、兴趣驱动型、职业需求型和价值实现型。

1. 就业驱动型

当前，一部分大学生开始了创业之旅，以期解决就业问题，并取得更好的经济收入。同时，各种鼓励大学毕业生创业的政策也纷纷出台，各级政府迫切希望自主创业能成为缓解大学生就业压力的一条有效途径。

2. 兴趣驱动型

兴趣是最好的老师，它可以调动人的潜能，是大学生创业的重要动因之一。如果创业者对一件事物产生了兴趣，就会花时间和精力去了解、去体验，不管遇到什么困难险阻，都会一如既往地坚持下去。

3. 职业需求型

美国学者克雷顿·奥尔德弗认为，个体存在三种需要，即生存的需要、相互关系的需要和成长发展的需要。其中相互关系的需要是指人们对于保持重要的人际关系的要求；成长发展的需要是指个体谋求发展的内在愿望。创业者随着年龄的增长，对相互关系和成长的需要会逐渐强烈。

4. 价值实现型

心理学研究表明：25~29岁是创造力最为活跃的时期，这个年龄段的青年正处于创造能力的觉醒时期，对创新充满了渴望和憧憬。

易趣网、经纬中国的创始人邵亦波这样看，"一个人想成功的话，一定要找到自己最想做的事，当然这也是你能干的事，这样你就能够每天都热情地去工作。创业的动机很重要，不能赶时髦，但必须要有热情。成功其实是指一个人能实现自己有价值的理想，是一个人对社会起了怎样的作用。其实我们身边有很多年轻人都是成功的。当然创业成功的毕竟是少数，但创业不要只看结果，我觉得创业过程本身就是一种财富。"

总之，创业动机是推动创业者从事创业实践活动所必备的积极的心理状态和动力。

四、创业者应具备什么能力?

创业者应具备的能力可以从认知能力、情感能力、意志能力和行为能力四个维度展开。这四个维度是一个有机整体,其中认知能力是基础,情感能力是动力,意志能力是保证,是创业者的内部活动;行为能力是关键,是创业者的外部活动,坚持内外结合,创业者在创业活动中内化于心、外化于行,有助于创业活动的顺利开展。

(一)认知能力维度

在知、情、意、行的统一体中,创业者认知处于基础性地位,因此,创业者要有计划、有组织地推行创业活动,就必须明确和完善认知能力。

创业者认知重在学习有关创业的知识,包括创业相关的法律知识、管理知识、经营知识以及专业知识等。比如,通过学习有关创业的法律、法规,明确不正当创业的法律后果,就能学会用法律的手段来保护自己合法的创业。

创业者认知不仅包括知识上的储备,也包括技能上的学习,大学生可以从以下方面努力:一要多参加学校的社团,通过社团活动锻炼自己的各种综合能力;二要拓展创业的认知途径,书籍、杂志、网站、微博、公众号都可以成为了解创业知识的渠道;三要多关注与就业有关的政策、新闻或者成功创业人士的案例,这样既可丰富视野,也可更好地理解创业。

(二)情感能力维度

情感作为人类精神生活的重要组成部分,是一个不容忽略的教育层面,具有重要的存在价值。所以,大学生创业者要重视创业者情感的维度,这里的创业情感是指在创业过程中,创业者对外界事物的情绪、心境、态度和主观感受,具体表现为悲伤、自信、乐观、愉悦等。创业有可能产生一系列的情感问题,因为创业是一种极端情境,表现为时间上的压力、不确定性以及个人的收益和风险与企业命运之间的高关联性等。

因此创业者要有调整自己情绪和情感的能力,胜不骄败不馁,认清善恶美丑,做出合乎规范的价值判断,发挥正能量情绪对创业的促进作用,将正确的情感体验内化为自身的道德准则,长期积累形成创业者情感。有了创业者情感的约束,创业者便能够从主体内部监控、指挥人的行为，保障道德主体坚持正确的方向，即便离开了法律和舆论的监督，依然能够做出正确的选择和判断，自觉践行创业者行为准则。

（三）意志能力维度

创业者意志就是人们在进行创业活动的过程中所表现出来的自觉克服困难和障碍、做出抉择的顽强毅力和坚持精神。但是个体的创业者意志不是先天而来的，而是后天培养的结果，在整个创业者能力培养的过程中都发挥着重要的作用。

创业是一场距离超长的马拉松赛，过程中充满了不确定性，只有意志坚定，不屈不挠才能走向最后的成功。坚定的意志能够使创业者自觉地控制自己的行动，依据自身的认知和情感，坚决地向创业目标迈进。一旦创业者意志扎根于创业者的头脑中，就会成为一种稳定的心理状态，成为一种自觉的精神力量，自重、自省、自警、自励，同时带动他人，践履创业的行为。

提高创业者的意志能力，可以从以下几个方面努力：一是强化认知和情感，认知和情感是意志产生的基础，人的意志不会无缘无故形成，无意识的本能活动、盲目的冲动或一些习惯动作都不含或很少有意志的成分，只有积累了一定的认知和情感，意志才有可能产生；二是注重具体实践，实践是最好的课堂，优秀的意志都要经过实践的历练，实践越丰富，认知越明确，体验越深刻。大学生的实践活动内容丰富，涉及的范围广泛，活动的过程中会遇到各种困境和阻碍，这就需要克服怯懦、懒惰、犹疑、依赖等消极的心理，培养勇敢、果断、坚定、独立等优良的意志品质；三是运用集体力量，创业者要有一定的独立判断性，但是在创业中总是单枪匹马容易形成孤僻的心理，也容易丧失外界的支持，这就需要他们融入集体，在集体活动中寻找帮助，寻找归属感；四是加强自我培养，创业者意志具有内隐性、稳定性、目的性，其形成不是一蹴而就的，而是一个漫长而又艰难的过程，这一过程需要个体自我的努力。

（四）行为能力维度

马克思主义哲学告诉我们认识来源于实践，实践是检验认识正确与否的唯一标准。创业者不仅要在思想理念上转变，更重要的是在行为方式上转变，从观念上的认知到实践上的飞跃是创业者的最终目的。因此，不仅要强调理论的教化，情感的感化，意志的强化，更要着重强调行为实践的重要性，推动具体、实在的创业者实践。

当前，大学生创业者行为的养成，要重点关注以下几点：一是借助学校举办的某些课程的角色性、情景性模拟参与到创业实践中，例如积极参加校内外举办的各类大学生创业大赛、创业计划书大赛、发明专利大赛、工业设计大赛等；二是进行合作活动，大学生的创业活动不应当局限在校园之内，应当走出校园，走向社会，广泛开展活动，获取更多资源。利用课余、假期参加兼职打工、求职体验、参与策划、参与市场调研、试办公司、试申请专利等活动，也可以帮助我们提升创业的实践能力。三是利用企业平台，企业也是进行创业者能力培养的重要场所，大学生可以通过参观考察企业，了解企业在经营方面的优势和缺陷，有针对性地进行学习。如果对创业的目标行业没有经验积累，最好的方式就是在这种行业的某个企业实习，完成一定的积累，真正地深入地去了解这一行业，提升自己的创业能力。

创业者能力培养是一项系统的工程，创业者的认知、情感、意志、行动这四个维度不是独立存在，毫无联系的，而是一个有机整体，遵循着认知——情感——意志——行为的发展逻辑，其中认知维度是基础，解决的是知与不知、知多知少的问题；情感维度是动力，解决的是能否接受风险，能否调整正确情绪的问题；意志维度是保证，解决的是面对挫折、诱惑，信念坚定还是动摇的问题。总的来说是知、情、意仍然停留在观念层面，是创业者主体的内部活动。

俄国寓言大师克雷洛夫曾说：“现实是此岸，理想是彼岸。中间隔着湍急的河流，行动则是架在川上的桥梁。”所以，行为维度是关键，它是外化的实际行动，是知、情、意的转化和升华，是创业者素质的外在表现和综合反映，是衡量创业者品质优劣的重要标志。同时，养成良好的行为习惯后，又能够加深创业者对创业的认知。要注意的是，创业者能力培养的四个维度并不存在绝对的前后关系和逻辑顺序，要根据实际情况的变化，将四个维度融会贯通，从而提升创业者的素养实现创业成功。

第二节 创业团队

一、创业团队的内涵

国内外许多学者认为在构成创业团队的基本要素中,最重要的有五个:目标、人、定位、权限和计划。

1. 目标

创业团队应该有一个既定的共同目标,为团队成员导航,没有目标,创业团队就没有存在的价值。目标在新创企业的管理中常以新创企业的远景、战略的形式体现。

2. 人

人是构成团队最核心的力量。目标是通过人员具体实现的,所以人员的选择是团队中非常重要的一个部分。在一个团队中可能需要有人出主意,有人订计划,有人实施计划,有人协调不同的人一起工作,还有人监督团队工作的进展、评价团队最终的贡献。在一个创业团队中,不同的成员通过分工来共同完成创业目标。在人员选择方面要考虑人员的能力如何、技能是否互补、人员的经验如何。

3. 定位

创业团队的定位包含两层意思:一是创业团队的定位,包括创业团队在新创企业中处于什么位置,创业团队最终应对谁负责等;二是创业团队成员的定位,包括个体作为成员在创业团队中扮演什么角色等。

4. 权限

在创业团队中,主导人物的权限大小与其团队的发展阶段和新创企业所处行业相关。一般来说,创业团队越成熟,主导人物所拥有的权限相应越小,而在创业团队发展的初期阶段,领导权相对比较集中。

5. 计划

计划有两层含义:一是创业目标最终的实现需要一系列具体的创业行动方案,

可以把计划理解成实现创业目标的具体工作程序；二是按计划进行可以保证创业团队的顺利成长，只有按照计划，创业团队才会一步一步地接近创业目标，从而最终实现目标。

二、创业团队的优劣势分析

（一）创业团队的优势

团队创业之所以比个人创业更容易成功，是因为与个体创业相比较，团队创业具有多方面的优势，对创业成功起着举足轻重的作用。

1. 资源优势

创业团队中的每个成员都具有不同的知识结构、成长背景、经验积累、经济社会资源等，这些资源集合在一起要比单个创业者丰富得多，从而可以更有效地解决企业面临的许多问题，增加企业成功的可能性。团队创业也可以解决个人创业在时间、精力上的不足问题，避免创业企业过分地依赖于一个人而导致的缺位损失。

2. 创新优势

美国经济学家熊彼特于1912年出版的《经济发展理论》一书中提出的创新理论包括下列五种具体情况：开发新产品，或者改良原有产品；采用新的生产方法；发现新的市场；发现新的原料或半成品；创建新的产业组织。不管是哪一种创新，团队均可把多种资源优势、技能和知识糅合在一起，从而增加成功的可能性。团队内每一位成员具有不同的思维方式、信息获取渠道和机会评价标准，这也使创业团队比个体更有可能发现创新点，为企业赢得更多的商机。

3. 决策优势

一是团队成员之间合理分工，各负其责，能更有效地把握具体问题，二是发挥"三个臭皮匠，顶一个诸葛亮"的力量，增加决策的科学性；三是通过任务分担为管理者腾出思考企业战略等问题的时间，为企业重大决策提供时间保证；四是避免因某个高管人员的变动而给企业带来致命性的影响，保证创业团队决策的连续性。

4. 绩效优势

创业团队形成的合力，使其工作绩效大于所有个体成员独立工作时的绩效之和。

团队成员通过团结合作、优势互补、集体效应可以鼓舞士气、增强凝聚力，其产生的群体智慧和能量将远远大于个体。曾有研究得出这样的结论：工作群体绩效主要依赖于成员的个人贡献，而团队绩效则基于每一个团队成员的不同角色和能力的乘数效应。许多研究和实践都证明了团队工作方式能够有效提高企业绩效。

因此，组建一个团队一方面能够降低个人的创业风险，另一方面也能通过优势互补、有效管理形成团队合力，在市场竞争中取胜。

（二）创业团队的劣势

当然，与个人创业相比，团队创业也有其劣势。主要表现在：集体决策时由于共同商讨、统一意见等可能增加时间成本，拖延决策速度，不如一个人决策快；人多就会有利益冲突，当创业团队成员之间不能很好地协调彼此的关系，有效达成共识时，就有可能导致分裂和团队的解散，这将给创业带来意想不到的危机。

三、如何组建创业团队

创业团队是创业运营的具体执行者，创业团队的工作效能、团结协作、胆略远见直接决定了创业运营的效果，因此高效团结的创业团队是实现创业目标的决定性力量。如何组建创业团队在创业初期就显得尤为重要。

（一）团队组织人员结构

创业团队的成员各有所长，足以弥补各自的缺陷，实现人力资源的充分利用和各种优势的互补，发挥 $1+1>2$ 的作用，从而形成最坚强的力量。在一个创业团队中，成员的知识结构越合理，创业的成功率就越大。只有优势互补的团队才能充分发挥其组合潜能，也会优于个人创业的单打独斗。

在创业团队的成员选择上，必须注意人员的知识结构，管理、技术、销售等各类人才都应有，应当充分发挥个人的知识和经验优势。一般来讲，一个优秀的创业团队必须包括几个方面的人员：一个创新意识非常强的人，用以决定公司发展战略及方向；一个策划能力非常强的人，用以公司规范化管理及长远规划发展设计；一个执行能力强的人，负责公司日常运营及市场拓展；技术型企业还应当有一个核心技术人员，负责公司核心竞争产品的开发。

(二) 制度是团队稳定的关键

合理的制度规范是统一团队思想，让团队成员具有战斗力的有力保障。很多创业者在选择"合伙人"时，总喜欢在熟悉的圈子里寻觅。由于彼此熟悉，碍于情面，往往在创业初期忽视了必备的制度约束。当企业逐渐成长发展之时，合伙人之间因为工作关系引发的矛盾和问题也逐渐显露，甚至导致企业步入破产境地。因此，为了团队整体的壮大，就需要在一定的范围内规范限制个人的某些行为，如克服懒惰就要规定时间纪律，克服贪婪就要有监督机制。规章制度最大的好处是：使每个人都处在相同的行为准则下，有着共同的目标。

(三) 共同愿景是团队不断向上的动力

团队共同愿景是创业团队的灵魂和不竭动力，表现在对价值追求和评价标准的统一认识，这种认识有助于强化团队凝聚力，加强团队成员的交流与沟通，增强彼此间的信任，不断激励团队的士气。企业最核心的是人才，真正有用的人才是企业发展的关键。用共同愿景和良好的激励留住人，让员工能安心工作、高效工作，就能达到团队管理的良好状态。

四、创业团队的管理策略和技巧

(一) 创业团队管理策略

由于创业团队本身的动态性特征，团队管理就是贯穿于创业团队的整个生命周期的工作。创业团队管理的重点是在维持团队稳定的前提下发挥团队多样性优势。团队管理是门艺术，要针对具体的情况来灵活进行，但是也有一些普遍性的原则可以利用。

1. 选择

创建团队的第一步就是选择团队成员。这里要解决两个关键问题：该聘用什么样的人？怎样聘用？第一个问题根据企业的具体需求来决定，遵循的原则在上文组建团队的内容里已经提到。考察人员的智力、经验和人际交往能力，不仅要考察其表现出来的能力，还要考察其潜在能力。具体考察策略可以通过正式招聘程序来进行专业评估，同时通过非正式渠道进行了解。第二个问题可以通过多种渠道来解决，如招聘、猎头公司、"非传统"渠道等。招聘程序尽量做到严格、正规，有一套完整的招聘流程，最终的目的是找到与业务需求相匹配的合适人选。

2. 沟通

沟通是有效管理团队的重要内容之一。没有沟通，团队就无法运转。其一，沟通使信息保持畅通，实现信息共享，避免因为信息缺失而出现错误的决策与行为。其二，沟通可以化解矛盾，增强团队成员彼此之间的信任。在长期合作共事的过程中，成员之间难免会有矛盾，缺少沟通可能导致相互猜疑、相互埋怨，矛盾会随着时间的推移越来越大，最后可能导致团队的分裂。其三，沟通可以有效解决认知性冲突，提高团队决策的质量，促进决策方案的执行。在企业经营管理过程中，团队成员对有关问题会形成不一致的意见、观点和看法，这种论事不论人的分歧称之为认知性冲突。优秀的团队并不回避不同的意见，而是进行充分的沟通和交流，鼓励创造性的思维，提高团队决策质量。这也有助于推动团队成员对决策方案的理解和执行，提高组织绩效。

3. 联络感情

联络团队感情可以保持团队士气和热情，控制情感性冲突，从而提高团队绩效。没有人喜欢在冷漠、生硬、敌对的团队中工作。一要尊重每个人，相互了解并体谅他人的难处；二要抽时间共处，这可以通过组织团队活动来实现。通过组织活动来联络团队感情一定要注意适度，太多的联络活动可能会让人们疲于应付，也让团队不堪重负。组织联络活动还要讲究策略，尽可能地让更多的人积极参与，获得大家的满意和认可，这样才能起到提高团队绩效的作用。三是要有丰厚的回报，包括物质的和精神的。

4. 个人发展

构建一支优秀、稳定团队的关键因素之一是给个人提供广阔的发展空间。因此，在团队管理方面，最重要的一项职责，就是要保证团队每一名成员得到发展。这样才能使成员产生较高的工作满意度，激发工作热情，创造更多的价值。个人的发展，不仅仅依靠经验的积累,还要借助目标设定、绩效评估及反馈程序等来实现。通过这三个程序,可以激发员工潜力,清醒认识自己的优点和不足,从而改善提高自己,获得更大的发展空间。

5. 激励

激励是团队管理中极为重要的内容,直接关系到创业企业的生死存亡。如何对创业团队进行有效激励,现在还没有固定的程式可以套用,但可以通过授权、工作设计、薪酬机制等诸多手段来实现。薪酬是实现有效激励最主要的手段,毕竟收益是创业成功的重要表征。在设计薪酬制度时,应考虑差异原则、绩效原则、灵活原则。最终目的是通过合理的报酬让团队成员产生一种公平感,激发和促进创业团队的积极性,实现对创业团队的有效激励。

(二)创业团队管理技巧

创业团队组建起来以后,创业者还应采取一定策略,做好团队的管理工作,防止团队出现解体的风险。

1. 创业团队管理的关键是价值管理

创业是基于理想的追求,来自于激情的支持。大多数创业团队成员都是多年好友。然而创业毕竟是事业,而不是交友。在创业过程中分歧甚至争斗都难以避免,这是团队分崩离析的要害所在。一个好的、有活力的创业团队的维系仅仅依靠友情、亲情是远远不够的,必须实现团队的价值管理。创业核心人物的价值观必须得到团队认可,深入所有或至少是多数创业成员的人心,并上升为创业团队的价值观,才能保证创业企业战略性的优势。

2. 创业团队管理的实质是利益关系明晰

俗语讲"亲兄弟,明算账"。利益关系明晰是化解创业团队分歧、防止团队解体的主要机制。在涉及权利义务与利益分配问题时,事先一定要说清楚,讲明白,不能感情用事,更不能回避不谈。一定要在团队创立初期,以法律文本的形式把最基本的责、权、利界定清楚,尤其是股权、期权和分红权。此外,还要包括增资、扩股、融资、撤资、人事安排、解散、议事规则、争议解决途径等与团队成员利益密切相关的事宜。由于创业过程中人员会有变动,要求利益分配要有弹性,能够反映成员对企业的贡献,同时也要体现差异，如核心成员与一般成员的差异，创始成员与非创始成员的差异。创始成员、核心成员要拥有比较多的期权比例，同时这就也意味着有时必须牺牲薪资、福利等短期利益，来增加企业的价值。

同时，在组建团队时就应该设立成员的退出机制，以保障团队成员更安心、积极地为企业工作，更好地保障所创立企业的长久发展，不至于因有关成员退出而元气大伤，并使团队成员有公平的回报，为其实现当初创业时的梦想提供保障。很多企业创业时能共患难，但成功后分利不均，导致团队分崩离析甚至反目成仇，还有很多企业因创业成员的离开而蒙受巨大损失等，这与退出机制没有设立好有重大关系。

3. 创业团队管理的基础是沟通顺畅

"功之成，非成于成之日，盖必有所由起；祸之作，不作于作之日，亦必有所由兆。"在艰苦的创业过程中，创业团队成员大多致力于业务发展和市场开拓，相互交流与沟通的机会大大减少，一旦出了问题将会产生不信任甚至互相猜忌，导致创业团队成员丧失信心，偏离创业目标。信息沟通是把团队成员联系起来以实现共同目标的手段。创业团队可实行定期正式沟通（如会议、公告、论坛、拓展训练）和随时的非正式沟通（聚餐、散步、谈心、节日贺卡等），形成畅所欲言、信息流畅的创业文化。

4. 学会运用团队评估表

可通过与个人目标的契合程度、机会成本、失败的底线、个人偏好、风险承受度、负荷承受度、诚实正直的人格、法制法律观念、事业坦诚度、产业经验与专业背景等10项指标评估创业团队成员的总体效应，见表2-1 创业团队评估表。

表2-1 创业团队评估表

项目	成员1	成员2	……	成员n
与个人目标契合程度				
机会成本				
失败的底线				
个人偏好				
风险承受度				
负荷承受度				

（续）

项目	成员1	成员2	……	成员n
诚实正直的人格				
法制法律观念				
事业坦诚度				
产业经验与专业背景				
总分				

每个指标评价分为1、2、3、4、5五个分数级，1是最低值，5是最高值，评估时根据自己的判断取适当的分值，并综合得分。该表可以独立使用，也可将团队成员各自评分综合后使用，但是，团队评估表应因时因人因事，灵活运用，不可机械固守评估结果。

活动　模拟组建创业团队

根据创业者和创业团队管理的所学内容模拟组建创业团队，明确团队成员角色组成及分工。

要求：确立团队名称、口号，绘制团队吉祥物，并进行团队风采展示。

大学生创业避免三大雷区

1. 眼高手低

比尔·盖茨的神话，使IT业、高科技业成为大学生眼中的创业金矿，以至于不少学生不屑于从事服务业或技术含量较低的行业。其实，高科技创业项目往往需要大笔的启动资金，创业风险和压力都非常大。大学生如果对自身经验和能力认识不足，对创业的期望值过高，创业时选择的起点过高，就很容易失败。

2. 纸上谈兵

缺乏经验是大学生创业中普遍存在的问题，不少大学生创业者不习惯对其产品或项目做市场调查，而是进行理想化的推断，结果导致创业失败。因此，大学生在创业初期一定要做好市场调研，在了解市场的基础上创业，才能长久。

3. 单打独斗

在强调团队合作的今天，创业者想靠单打独斗获得成功的概率正大大降低。团队精神已成为不可或缺的创业素质，风险投资商在投资时更看重有合作能力的创业团队。如果大学生在创业中自以为是、刚愎自用，就可能影响创业的成功率。因此，对打算创业的大学生来说，建立创业团队，成员之间取长补短，要比单枪匹马更容易积聚创业实力。

学习反思

创业从来不是一个人的事，企业发展阶段常面临着团队成员的人来人往。当团队决定走到一起时，就如同要牵手一生的"夫妻"，如果婚姻是"愿得一人心，白首不相离"，那么，创业者希望的团队也许是"不管是顺境还是逆境，只愿彼此共迎挑战、共担风险"。

第三章　创业资源

Chapter Three

学习目标与任务

1. 了解创业资源的内涵和种类。
2. 掌握创业资源的整合与获取途径。

勺子课堂：资源整合的缔造者

2017年7月，北京高端自助餐厅金钱豹关上了最后一家店的大门，宣告倒闭，餐饮界一片哗然。几十年的老字号也会因疏于经营管理被社会无情的淘汰。网红面包店Farine过期面粉案、海底捞后厨的老鼠事件……餐饮业问题重重。疏于管理的背后，意味着餐饮业缺乏具备专业素养的人力资源，餐饮老板提升"企业家才能"迫不及待，餐饮从业者加强素质刻不容缓。

勺子课堂创始人宋宣由此看到了餐饮市场上急需训练有素的人力资源。他分析，餐饮是个综合性很强的行业，上到供应链对接，下到堂食、外卖物流。也就是说，餐饮品牌创始人需要了解诸多领域。餐饮是潜力巨大的消费领域，4万亿的市场每年都会成就很多优质品牌，也会成就很多创业者，而在这个大金矿的背后，竞争是残酷的，但能够让从业者系统学习餐饮经营技能的平台却寥寥无几。因此，勺子课堂专注于"餐饮培训"，通过"线上+线下"的培训、咨询服务、定制化服务等模式盈利。

勺子课堂创始人团队成员曾供职于搜狐、德克士、威斯汀酒店等媒体及知名消费类企业，在餐饮服务业有着多年的积累与沉淀。勺子课堂通过初创公司自身的人力资源与技术资源整合，充分发挥专业优势，邀请餐饮业的专业人士制作线上课程，以保证线上平台课程的优质与增量、咨询服务业务井然有序地开展。目前勺子课堂已拥有

"营运、营销、战略、支持、人才"五大门类，600余节线上课程，每年课程迭代率达50%。

勺子课堂通过整合资源弥补餐饮职业培训市场的空白，用数据证明了其商业模式的可持续性。而随着行业分工的不断加剧，专注于人才升级的勺子课堂必将迎来新的发展机遇。

创业箴言

> 创业的"魔鬼三角"是：团队、融资、商业模式。
> ——李彦宏《我的创业"魔鬼三角"》

第一节
创业资源的内涵与种类

一、创业资源的内涵

创业资源指创业企业在创业全过程中先后投入和利用的各种物质、能量和信息的总称，它作为一种特殊的资源，既有所有资源都具备的能为企业创造价值、体现企业竞争力等共性特征，同时也具有一个突出的个性特征——它是创业者捕捉创业机会与制定创业战略的基础。

二、创业资源的形成机制

1. 试错—纠正—学习机制

创业过程是不断探索与学习的过程，也是对其内外部各种资源与机制的调整整合过程，该过程的质量高低往往决定创业是否成功，即创业企业的发展速度、高度及稳定性。在企业创业与发展过程中，往往难以事先做出周密的筹划及分工合作，需要创业者经常试错式地大胆尝试，从失败与探索中积累经验并减少错误，逐步靠近创业目标，这样无疑会提高创业者的试错—纠正—学习能力乃至综合能力，并可以这种能力来弥补其他方面的不足。当然，在试错—纠正—学习过程中，需十分注重风险的规避，以及正确的战略方向与市场的把握。

2. 示范机制

企业的成功创业经验能够产生很好的示范作用，如在所选用的技术类型，所采取的创业战略及方向、市场营销、生产组织及人才培养等方面提供了一个直观的标杆，后建的创业企业在初期与以后的经营中，可根据所设立的标尺，通过对标标杆创业企业来衡量自身的实力，并可通过对已成功创业企业的某些战略与战术模仿以及定点超越而实现低风险的发展。

3. 溢出机制

创业成功的企业往往较充分地积累了各种资源，其中某些富余的资源会自然地出于牟利目的产生寻租行为，进而引起资源的溢出，这类创业资源在市场化环境中通常会以各种正式而公开的形式实现其市场价值，而在非市场化环境中往往以一种非公开式隐秘而非正式的形式实现其市场价值。

4. 带动机制

创业企业往往会产生出各种生产资料与生活资料的需求，这为提供这些创业资源的产业领域带来了诸多机会，提供方往往提供原料或零配件、专业人才等生产要素，创业资源需求方相应地进行资金、人才及技术的扶持与援助，通过这种方式带动了创业资源的流动，确保了创业企业获取所需的宝贵的创业资源。

5. 分享机制

创业资源富积地区往往带动了各种专业化机构的设立与大力扩张，这使得这些机构的供给能力逐渐大于市场需求能力，从而使创业企业能够享受资源分享，获取优质的低于市场平均价值的创业资源供给。

6. 磁场机制

良好的创业环境与创业企业不仅能从组织外部吸引物质、资金及人才等创业资源，并且可以如同磁石般地产生磁化作用，使得每一个磁场中的分子都被磁化，较容易地实现创业资源的最佳与最高形式的聚集，即不论是有形还是无形的创业资源都将会被汇聚与整合起来。

7. 共生机制

由于市场的高效运作以及创业企业间协作关系的逐步密切，各种形式、规模及专业化的创业企业通过合理分工、紧密协作而在一个共同的经济体中共生与发展，这将使得创业资源实现良好的配置与极大的优化，并最终可促进专业化、高效化的创业企业能够持续地萌生与顺利成长，从而在整个创业过程中能够实现较高的成功率。

三、创业资源的种类

为了进一步认识创业资源，我们可以将创业资源进行如下分类。

1. 根据资源要素对企业战略规划过程的参与程度分类

按照资源要素对企业战略规划过程的参与程度，创业资源可以分为直接资源和间接资源。直接资源又可以细分为：财务资源、市场资源、人才资源、管理资源。而科技资源、政策资源、信息资源这三类资源要素对于创业成长的影响更多的是提供便利和支持，非直接参与创业战略的制定和执行，因此，对于创业战略的规划是一种间接作用，可以把它们定义为间接资源。根据上述分析，创业资源的概念模型如图 3-1 所示。

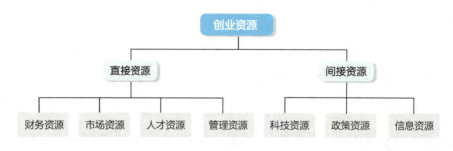

图 3-1 创业资源的概念模型图

（1）财务资源 是否有足够的创业项目启动资金？是否有资金支持创业最初几个月的亏损？是否有一个完整的规范财务工作的制度体系？

（2）管理资源 是否有能力把先进的管理技术、方法、手段应用于生产经营管理实践？

（3）人才资源 是否有合适的专业化人才来完成企业的工作任务？是否能够科学、合理地使用人才，充分发挥人才的作用，以推动创业企业的迅速发展？

（4）市场资源 是否拥有与市场密切相关的资源要素，包括营销网络与客户资源、行业经验资源、人脉关系、经营许可权、品牌、销售渠道、顾客以及他们对企业产品或服务的忠诚度等？

（5）政策资源 为支持大学生创业，国家和各级政府出台了许多优惠政策，涉及融资、开业、税收、创业培训、创业指导等方面。可不可以利用这些有利的政策资源来推进创业，比如某些准入政策、鼓励政策、扶持政策或者优惠等？

（6）信息资源 需要什么信息？在创业时依靠什么信息来进行科学决策？从哪里获得决策所需的信息？怎样获得有关创业资源的信息？

（7）科技资源 有什么科技含量高的产品在市场上去竞争？为社会提供什么样的产品和服务？核心科技在哪里？如何利用好现有的科技资源？

2. 根据 Barney 分类法

在创业资源中，创业时期的资源最初主要为财务资源和少量的厂房、设备等。根据 Bamey 分类法（图 3-2），细分后的创业资源经过重新归纳，主要分为以下几种：①人力和技术资源，包括创业者及其团队的能力、经验、社会关系及其掌握的关键技术等；②财务资源，即以货币形式存在的资源；③生产和经营资源，即在企业新创过程中所需的厂房、设施、原材料等。

图 3-2　Bamey 的创业资源细分概念模型图

3. 根据创业资源的形态分类

根据创业资源的形态，创业资源可以分为有形资源和无形资源。有形资源是指具有物质形态、可用货币度量价值的资源，是一种简单资源，主要包括实物资产和资金。

无形资源是指具有非物质形态、难以用货币精准度量价值的一种复杂的资源，基础，主要包括社会资本、技术及专业人才、品牌等。

4. 根据创业资源在创业中的作用、来源以及影响力分类

根据创业资源在创业中的作用、来源以及影响力，创业资源可以分为必备资源、支撑资源和外围资源，见表 3-1。

表 3-1　创业资源的分类与内容

资源类型	资源名称	资源内容
必备资源	资金资源	自有资金，亲戚朋友的借款，政策性低息贷款，各种政策与资助扶持的创新基金或者科技基金，风险投资、天使投资，以及写字楼或者孵化器所提供的便宜的租金等
必备资源	场地资源	自有产权房屋，可以租借到的经营场所，科技园或工业园提供的低价场地，各种孵化器或者创业园提供的廉租屋等
必备资源	人才资源	创业者自身素质特点，高效的创业团队建设，可以聘请到的管理人才、营销人才、专家顾问团队、优秀的员工等
必备资源	管理资源	市场营销策划，正规化企业管理的咨询
必备资源	客户资源	已有的顾客和潜在的客户

(续)

资源类型	资源名称	资源内容
必备资源	技术资源	对口的研究所和高校科研力量的帮助，与企业产品相关的科技成果，以及进行产品开发时所需要用到的专业化的科技试验平台
必备资源	信息资源	完成创业所需要的信息，包括技术、行业、市场及政策信息
必备资源	产品资源	创新性产品、具有市场前景的产品等
支撑资源	营销渠道	已有的营销网络，可以使用或租借的营销渠道，营销渠道的效率和效果与产品匹配
支撑资源	关系网络	个人关系网络，如亲朋好友、老师同学、战友同事等；社会关系网络，如创业前的业务合作伙伴；可以进行利益共享的交换群体；具有弱连接的社会关系等
外围资源	创业环境	涉及市场、行业、经济、环境、政治法律、社会等各个方面
外围资源	创业政策	行业准入政策、创业扶持政策、税收减免政策、工商注册支持政策、确保创业者利益的政策
外围资源	创业文化	人们在追求财富、创造价值、促进生产力发展的过程中所形成的思想观念、价值体系和心理意识，主导着人们的思维方式和行为方式

第二节
创业资源的整合与获取途径

一、创业资源的整合

对于创业者来说，整合创业资源要注意以下几点。

（一）资源有限，节约为先

创业者资源"有限"，这决定了我们必须"节约"。尤其是大学生创业者没有足够长的工作经历积攒创业所需要的资金，没有足够的信用史，没有贵重的个人资产，所以难以从银行或投资者那里筹措资金。大量有关初创资金来源的报告显示，创业者的初创资金主要来自创业者个人或家庭成员、朋友。传统的外部资金来源，如银行贷款，很难成为多数创业者的选择。即使是风险投资，也只是青睐少数的成长潜力大的企业。在这种情况下，我们必须追求更经济的做事方法，尽可能争取在有限资源的约束下获取满意的收益，包括在资源受限的情况下寻找实现创业目标的途径；最大限度地降低对外部资源的依赖；最大限度地发挥创业者投在企业内部的资源的作用。

"节约"意味着降低资源的使用量，但过分强调降低成本，会影响产品和服务质量，甚至会制约创业的发展。如为了求生存和发展，有的创业者不注重环境保护，或者偷用别人的知识产权，甚至以次充好。这样的创业活动尽管短期可能获得利润，但长期而言，发展潜力有限。所以节约是有前提的，就是明确创业使命，在能够实现创业使命的可行路径中，选择成本最小的路径。例如创业往往需要有办公场所，这时在不影响创业使命的情况下，我们可以通过申请政府或高校创立的创业园或创业孵化器，享受那里的免费或低价办公室，与其他创业者一起共享办公设备等，也可以利用那里的兼职人员、实习生。

"节约"不仅是资源受限的必需策略，同时也可以帮助创业者更好地掌控企业的有权和管理权。外部融资基本上都会降低创业者对企业所有权的份额，从而减少创业者所享有的企业创造的财富和利润。同时，"节约"还可以一定程度地降低创业者需要承担的风险,增加企业的柔韧度,提升创业者控制与管理的能力。只要运用得当,不谨小慎微、事无巨细,"节约"是创业者在进行资源整合时,应该持有的一个基本理念。

(二)资源无限,连接一切

对创业者来说,资源看上去是有限的。但是换一个角度,当在资源与资源之间建立起连接,资源利用的可能性就被无限扩充了。很多资源看上去是无用的,但创业者可以通过自己的独有经验和技巧,对其进行整合再造。现实中,很多高新技术企业的创业者并不是科班出身,可能是出于兴趣或其他原因,对某个领域的技术略知一二,却凭借这个略知的"一二"敏锐地发现了机会,并迅速实现了相关资源的整合。马云曾经多次声称自己"不懂技术",却缔造了阿里巴巴的商业奇迹。这就是在自己拥有的人力资源,即创业者的智慧,与其他人拥有的技术资源,即技术团队的执行力,两者之间建立了连接,实现了资源的整合,把有限的资源变成了无限的可能。

李小龙的哲学思想"以无法为有法,以无限为有限",对创业者来说同样意蕴深刻。创业者应该善于用发现的眼光,洞悉身边各种资源的属性,将它们创造性地连接起来。这种整合很多时候甚至不是事前仔细计划好的,往往是具体情况具体分析、"摸着石头过河",甚至是"灵光一现"的产物。而这也正体现了创业的不确定性,并考验了创业者的资源整合能力。

(三)充分利用,杠杆显效

如何用尽可能少的付出获取尽可能多的收获?古希腊科学家阿基米德给我们的答案是:假如给我一个支点,我就能撬动地球。这句名言说的就是"杠杆原理"。杠杆原理启示我们:也许你现有的资源还没有被充分地开发和利用,只要我们找到合适的"支点",就能够把其利用得更充分,使其显现出更大效用,这可能体现在:更加长期地使用现有资源;更充分地利用别人没有意识到的资源;利用他人或者别的企业的资源来完成自己的创业目的;利用一种资源获得另一种资源等等。

在创业过程中,容易产生杠杆效应的资源,主要包括人力资本和社会资本等非物质资源。创业者的人力资本一般由人力资本与特殊人力资本构成。一般人力资本包括受教育背景、以往的工作经验及个性品质特征等。特殊人力资本包括产业人力资本

（与特定产业相关的知识、技能和经验）与创业人力资本（如先前的创业经验或创业背景）。调查显示，特殊人力资本会直接作用于资源获取，有产业相关经验和先前创业经验的创业者能够更快地整合资源，更快地实施市场交易行为。而一般人力资本使创业者具有知识、技能、资格认证、名誉等资源，也提供了同窗、校友、老师及其他连带的社会资本。

相比之下，社会资本有别于物质资本、人力资本，是社会成员从各种不同的社会结构中获得的利益，是一种根植于社会关系网络的优势，它有助于个体开展目的性行动，并为个体带来行为优势。丰富的社会资本有助于提升创业者对特定商业活动的深入认识和理解，使创业者更容易识别出常规商业活动中难以被其他人发现的顾客需求，进而更容易获得财务和物质资源，这正是社会资本的杠杆作用所在。

（四）资源共享，利益共赢

现代的商业已经不是"单打独斗"的年代，创业者必须学会"抱团取暖"，把一定的资源共享，往往能够吸引到广泛的资源共享者，共同创造更大的收益，实现两方或多方共赢。如果有利益影响或驱动，实现共赢就变得轻而易举。所以如何设置资源共享中的利益机制，是用这种方法进行资源整合的重点。

整合资源需要关注有利益关系的组织或个人，要尽可能多地找到利益相关者。同时，分析清楚这些组织或个体和自己的创业活动有何利益关系，利益关系的强度和远近怎样，整合到资源的可能性多大。利益关系者之间的利益关系有时是直接的，有时是间接的，有时是显性的，有时是隐形的，有时甚至还需要在没有的情况下创造出来。另外，有利益关系也并不意味着能够实现资源整合，还需要找到或发展共同的利益，或者说利益共同点。为此，识别利益相关者后，需要逐一认真分析每一个利益相关者所关注的利益。多数情况下，将相对弱的利益关系变强，更有利于资源整合。

资源整合是多方面的合作，切实的合作需要有各方面利益真正能够实现的预期加以保证，这就要求寻找和设计出多方共赢的机制。对于在长期合作中获益、彼此建立起信任关系的合作，双赢或共赢的机制已经形成，进一步的合作并不很难。但对于首次合作，建立共赢机制尤其需要智慧，要让对方看到潜在的收益，为了获取收益而愿意输入资源。因此，创业者在设计共赢机制时，既要帮助对方扩大收益，也要帮助对方降低风险，降低风险本身也是扩大收益。在此基础上，还需要考虑如何建立稳定的信任关系，并加以维护管理。

二、创业资源的获取途径

拥有上述创业资源是否就可以创业？没有这些创业资源是否就不能创业？答案是不一定。创业关键在于发现机会，有效地利用和整合自己拥有或者别人拥有且自己可以设法去支配的资源，从而将各种资源为我所用，发挥资源的效力。

（一）获取技术资源的途径

获取技术资源的途径有：
（1）吸引技术持有者加入创业团队。
（2）购买他人的成熟技术，并进行技术市场寿命分析等。
（3）购买他人的前景型技术，再通过后续的完善开发，使之达到商业化要求。
（4）购买技术同时引进技术持有者。
（5）自己研发，但这种方式需要时间长，耗资大。

创业者可以多关注各高校实验室、老师或者学生的研发成果，定期去国家专利局查阅各种申请专利，养成及时关注科技信息、浏览各种科技报道、留意科技成果的习惯，以从中发现具有商机的技术。

（二）获取人力资源的途径

这里的人力资源不是指创业企业成立以后需要招募的员工，而是指创业者及其团队拥有的知识、技能、经验、人际关系、商务网络等。

大学生创业前，如果有可能，可以在学习期间做一些产品的校园或者地区代理，不管是牛奶、化妆品、手机卡、数码产品，还是婚纱店、美容店、家教中心等，都可以去尝试。在这个过程中既能赚些钱，增长关于市场的知识，还可以锻炼组织能力，因为往往要组织二三人的小团队。大学生创业者也可以考虑进入一个企业为别人工作，通过打工的经历学习行业知识，建立客户资源渠道，了解企业运作的经验，学习开拓市场的方法，认识赢利模式。

(三)获取营销网络的途径

营销网络将帮助新创企业的产品或者服务走向市场,换回用户的"货币选票"。一般情况下,新创企业可通过以下途径拥有未来的营销网络。

(1)借用他人已有的营销网络,使用公共流通渠道。

(2)自建营销网络与借用他人营销网络相结合,扬长避短,使营销网络更适应新创企业的要求。

(四)获取外部资金资源的途径

对于外部资金的获取,一般可通过以下五种途径获得:

(1)依靠父母及亲朋好友筹集资金,双方形成债权债务关系。

(2)抵押、银行贷款或企业贷款。

(3)争取政府某个计划的资金支持。

(4)所有权融资,包括吸引新的拥有资金的创业同盟者加入创业团队,吸引现有企业以股东身份向新企业投资、参与创业活动,以及吸引企业孵化器或创业投资者的股权资金投入等。

(5)拟订一个详尽可行的创业计划,以吸引大学生创业基金或者风险投资基金的目光。

(五)获取专家资源的途径

1. 书籍和研讨会

不要低估了好的商业期刊图书或研讨会的力量,这种力量能启发你、指导你,并且能把你从因缺乏经验而导致的失误中解救出来。这类选择很多,比如《销售与市场》《商务周刊》《计算机世界》等商业期刊,或者各地创新创业培训班等。这些资源可以提供基本的商业原则和案例,还可以提供一般的咨询建议,比如撰写商业计划书、创业项目的选择和评估等。

2. 商业教练

自助资源可以提供一般性的建议,而商业教练可以针对公司问题提供一对一的指导服务。他们一般按月收取固定的费用,服务项目包括固定的咨询时间和特定的项目计划。好的商业教练拥有多年经验，他们能够分析企业的业务模式，找出缺点，提供改进建议，以及对销售、营销、招聘和团队管理等领域进行调整。

选择商业教练时最好找当地人，他可以直接观察公司的运营，提供培训支持，并且可以随叫随到。这类合作是长期关系，需要良好的沟通和相互尊重。选择一个商业背景丰富的商业教练，而不是仅仅懂得你所在行业的人，要想创造性地解决问题，他必须要摆脱你所在行业的固有观念的束缚。

3. 咨询顾问

对于策略性问题，比如建立会计系统或者突破产品制造瓶颈等，就要求助于具备相关知识的外部咨询顾问。顾问通常按小时收费，并会提前告诉你要花多少钱。

在寻找咨询顾问时，尽可能从类似项目的客户那里得到推荐或者介绍，并且准确估计工作时间。还要让咨询顾问提供相关文档，以为日后解决类似问题时提供参考。

活动　开设一家奶茶店需要配备哪些创业资源

模拟开设一家奶茶店，需要配备哪些创业资源？

要求：列举创业资源的种类和获取途径。

牛根生：一个企业 90% 的资源都是整合进来的

牛根生刚开始只是伊利的一个洗碗工，凭着自己的勤奋和聪明做到生产部门的总经理。后来从伊利辞职，邀请原来伊利几个同事，一起创业。但是没有工厂，没有品牌，没有奶源，每一项都是致命的。牛根生开始资源整合。

第一个问题，没有工厂怎么办？牛根生通过人脉关系找到哈尔滨一家乳制品公司，这家公司设备都是新的，但是生产的乳制品质量有问题，同时营销渠道也没有打通，所以产品一直滞销。牛根生对这家公司的老板说："你来帮我们生产，我们这边都是伊利技术高层，帮忙技术把关，牛奶的销售铺货我们也承包了。"这位老板一听，马上答应下来。这样他们的创业团队有了落脚的地方，也解决了生存的问题。

第二个问题，没有品牌怎么办？在乳制品这个行业，没有品牌很难销售，因为品牌代表着安全可靠。牛根生借势整合，打出口号："蒙牛甘居第二，向老大哥伊利学习",口号一出,让伊利无可奈何。牛根生不只是盯着伊利,还把自己和内蒙古的几个知名品牌联系起来,说:"伊利、鄂尔多斯、宁城老窖、蒙牛为内蒙古喝彩!"因为前三个都是内蒙古的中国驰名商标,蒙牛把自己放在最后,给人感觉这就是内蒙古的四大品牌。牛根生整合品牌资源,让蒙牛没有花一分钱,就迅速成为知名品牌。

第三个问题,没有奶源怎么办?蒙牛整合了三方面的资源:农户、农村信用社、奶站。蒙牛让信用社借钱给奶农,蒙牛做担保,同时蒙牛承诺包销,奶农生产出来的奶由奶站接收,然后首先还信用社的钱,把利润又给了奶农。这样就调动了内蒙古300多万牧民为蒙牛养牛。

学习反思

创业者能否成功地开发机会,进而推动创业活动向前发展,通常取决于他们掌握和能整合到的资源,以及对资源的利用能力。许多创业者早期所能获取与利用的资源都相当匮乏,而优秀的创业者在创业过程中所体现出的卓越的创业技能之一,就是能创造性地整合和运用资源,尤其是那种能够创造并带来持续竞争优势的战略资源。

第四章　商业模式

Chapter Four

学习目标与任务

1. 了解商业模式的概念。
2. 掌握如何设计商业模式的设计步骤和创新方法

中粮模式——玩转产业链

中粮集团作为国内龙头农业产业集团,已经从单一的粮油贸易延展到全产业链。通过对涉及农业的各领域,包括技术、信息、金融服务、网络、渠道、终端等进行投资和整合,从而全方位开发产业链的各个环节,米、面、油、糖、肉、奶、饲料、玉米深加工产品、番茄酱、葡萄酒等均在国内取得了一定的市场规模和影响力。

创业箴言

> 如果要想成功,你想比别人更领先或者让别人无法追上你,必须创新。在经营当中,最重要的就是运作模式、商业模式的创新,只有创新才能形成最具特色的核心竞争能力。
>
> ——王健林

现代管理学之父彼得·德鲁克认为:当今企业之间的竞争,不仅仅是产品与服务层面的竞争,更是商业模式的竞争。研究表明,超过60%的成功创新都是商业模式的创新,而不仅仅是技术的创新。一项高新技术如果离开了商业模式,是没有意义的。

第一节
什么是优秀的商业模式

一、商业模式的概念

商业模式概念最早出现在信息管理领域。20世纪90年代互联网兴起以后,商业模式成为企业界的时髦术语,并引起了理论界的关注,其内涵也扩大到企业管理领域的广阔空间。对于商业模式的含义,理论界没有形成统一的权威解释,归纳起来大致可以分为三类:盈利模式论、价值创造模式论和体系模式论三大类。

盈利模式论仅仅将商业模式描述成企业的经济模式,其本质内涵为企业获取利润的逻辑。价值创造模式论认为,商业模式是企业为了进行价值创造、价值营销和价值提供所形成的企业结构及其合作伙伴网络,以产生有利可图且能够维持收益流的客户关系资本。体系模式论认为,商业模式是产品、服务和信息流的架构,内容包含对不同商业参与主体及其作用、潜在利益和获利来源的描述。

本书认为商业模式是一个企业从研发、制造、销售,直至售后服务的具体的并区别于其他企业的可盈利的流程结构。

二、商业模式的功能

商业模式要指明各参与者及其角色、潜在利益和收入来源。也就是说,商业模式必须明确向客户提供什么样的价值,向哪些客户提供价值,如何为提供的价值定价,如何提供价值以及如何在提供的价值中保持竞争优势。

因此,企业的商业模式应该具有如下四大功能。

第一,发现渴望得到需求满足的客户群;

第二,建立与上游企业的合作,以合适的成本生产出定价符合市场供求的产品和服务；

第三，将产品和服务在恰当的时间和地点传递到客户手中；

第四，持续地为客户提供价值提升，提高企业的持续经营能力和竞争优势。

三、成功商业模式的共性

1. 有效性

商业模式的有效性首先是指能够较好地识别并满足客户的需求，做到让客户满意，不断挖掘并提升客户的价值。其次是指通过模式的运行能够提高自身和合作伙伴的价值，创造良好的经济效益。最后是指包含具有超越竞争者的、体现在竞争全过程的竞争优势。商业模式应能够有效地平衡企业、客户、合作伙伴和竞争者之间的关系，既要关注客户，又要企业盈利，还要比竞争对手更好地满足市场需求。

2. 整体性

好的商业模式至少满足两个必要条件：一是必须是一个整体；二是组成部分之间必须有内在联系，这个内在联系把各组成部分有机地关联起来。戴尔电脑的直销模式之所以成功，原因之一是戴尔具有低于4天的存货周期，这种高周转率直接带来了低资金占用率和低成本效率，使得戴尔的产品价格低，具有竞争对手不可比拟的优势。戴尔的低库存高周转率正是来自其核心生态系统内采购、产品设计、订货和存货管理、制造商及服务支持所产生的协同作用，这是其真正的核心竞争力所在。

3. 差异性

商业模式的差异性是指既具有不同于其他模式的特点，又不容易被竞争对手复制。这就要求商业模式本身必须具有相对于竞争对手而言较为独特的价值取向，以及不易被其他竞争对手在短期内复制和超越的创新特性。如美国西南航空公司的商业模式所选择的特定服务航线和目标顾客，也使得对手只能模仿其中某一个环节而无法模仿全部。

4. 适应性

商业模式的适应性是指其应付变化多端的客户需求、宏观环境变化以及市场竞争环境的能力。商业模式是一个动态的概念，今天成功的模式也许明天就变得不适用，甚至成为阻挡企业正常发展的障碍。好的商业模式必须始终保持必要的灵活性和应变能力，具有动态匹配的商业模式的企业才可能获得成功。

5. 可持续性

商业模式不仅要能够难以被其他竞争对手在短时期内复制和超越，还要能够保持一定的持续性。商业模式的相对稳定性对维持竞争优势十分重要，频繁调整和更新商业模式不仅会增加企业成本，还易造成顾客和组织的混乱。

6. 生命周期特性

任何商业模式都会有一个形成、成长、成熟和衰退的过程。企业在规划商业模式时应充分考虑到所采用的商业模式处在什么样的生命周期。

第二节
如何设计商业模式

一个好的商业模式能使企业经营达到"事半功倍"的效果，更容易在激烈的市场竞争中生存下来；而差的商业模式则往往让企业"事倍功半"，最后被市场所淘汰。因此设计一个适合的商业模式对于企业生存和发展具有非常重要的意义。

一、商业模式的设计原则

企业在设计自身的商业模式时，始终要围绕价值来进行，应该遵从以下指导原则。

1. 以价值创新为原则

价值创新是商业模式的灵魂。企业必须借助商业模式进行价值创造、价值维护和价值提供，从而使企业创造的价值最大化。企业在增强自身创新能力的时候，应该注重三点，即注重企业软实力、构造企业价值网络和为广义的顾客创造价值。

2. 以占领顾客为原则

设计商业模式时必须始终以顾客为中心，由以企业为主转变为以顾客为主，由占领市场转向占领顾客，最终为顾客创造最大的价值。实施以顾客为中心的主张，要注重三个要点，即精心研究顾客的需求、实施顾客的互动管理以及为顾客创造新的附加值。

3. 以伙伴联盟为原则

目前企业必须是以联盟为整个载体，发展联盟的经济。通过伙伴联盟之间的合作，企业能够获得核心竞争力的互补，以创造出更大的价值和形成更强大的群体竞争力。比如，沃尔玛和宝洁在零售连锁与日化用品生产上的"协同商务模式"，降低了彼此的经营成本，增强了双方的盈利能力。

4. 以应变能力为原则

应变能力是企业面对复杂多变的市场的适应能力和应变策略，是企业竞争力的基础。企业应该注重三点以增强自身的应变能力,即注重时间的观念、随需而变和产品或服务的个性化定制。

5. 以信息网络为原则

在如今的信息经济时代中,新的商业模式必须重视信息网络的力量。企业应该做到以信息网络为平台,加快企业商务电子化、构造虚拟经济的竞争力以及推动流程再造。

二、商业模式的设计步骤

在实际的市场环境中,企业应当结合所处实际,灵活应用上述 5 个基本原则,设计一个适合企业自身的商业模式。下面来介绍一下企业设计商业模式的主要步骤。

1. 确定业务范围并寻求产品在市场中的最佳定位

企业在设计商业模式时首先需要解决如下问题:企业的业务范围是什么?目标市场在哪里。很多经营实践表明企业业务范围的确定以及目标市场的定位是设计一个优秀商业模式的第一步。

确定企业的业务范围是成功进行价值定位最为重要的一步,因为通过业务定义,企业可以对收集到的信息进行过滤,它将告诉企业的决策层哪些机会应该抓住,哪些应该放弃。此外,企业还可以通过确定业务范围来界定出自己的顾客、合作伙伴和竞争对手这些利益相关者以及应该掌握的资源和核心竞争力等。

2. 考察、分析和把握顾客需求以锁定目标顾客

企业必须首先明确要为哪部分人或哪个地理区域的人服务,要锁定一个市场,进行相应的市场调研和顾客消费心理研究,把有限的资源用在刀刃上。其次企业需要研究这部分目标顾客目前存在什么问题和需要哪些产品和服务。最后企业必须把顾客需求分层,根据不同顾客需求定制不同的产品和服务。

3. 建立企业独特的业务系统,增加竞争对手模仿的难度

业务系统是指企业将一系列业务活动按照一定组合构建的系统和网络,它表示了企业与内外利益相关者(顾客、伙伴和对手)之间的交易关系。构建业务系统是企业在设计商业模式时需要重点考虑的环节,因为业务系统的不同造就了企业商业模式的与众不同和难以模仿。企业在构建独特业务系统时可以参考两个选择:确定企业的核

心竞争力,将没有竞争优势的企业业务外包;加强伙伴联盟的管理,如苹果公司构建的"苹果生态联盟系统"。业务系统中各利益相关者之间形成了一套复杂的关系网络,深嵌于企业价值链中,因此不易被对手模仿。

4. 发掘企业的关键资源能力以形成核心竞争优势

关键资源能力指的是企业商业模式运转时所需要的相对重要的资源和能力。要形成核心竞争力,企业必须发掘和运用自身的关键资源能力,从而获得相对于对手的竞争优势,最终才能在激烈的市场竞争中有所发展。

5. 构建独特的盈利模式

盈利模式是企业获得利润的方式。即使是相同行业的企业,由于各自定位和业务系统的不同,企业的盈利模式也不会相同。甚至定位和业务系统相同的企业,盈利模式也可能各有不同。目前我国的传统盈利模式就是指市场份额的扩大以及企业收入的增加,很多实例已经证明,这种盈利模式已经无法适应当今瞬息万变的市场环境了。由于传统盈利模式特征性不强,导致同行企业相互模仿,盈利模式趋于同质化。市场竞争很多时候都是低端的价格战,企业获取的利润越来越少,甚至很多中小型企业出现亏本。例如,家电制造行业经过多次竞争,只剩下几家规模较大的品牌家电企业,但是这些企业的主业利润率、净资产收益率仍然普遍低下,公司的股票价值低于账面净资产价值。

6. 根据市场变化不断调整和完善自身商业模式

市场瞬息万变而且市场信息也不可能完全获得,因此没有一个商业模式能保证一定获得利润或者一直获得利润。企业应该不断地关注市场,根据市场需求适时调整商业模式的结构,使其可以一直在竞争激烈的市场中保持不败。

三、绘制商业模式画布

斯坦福大学创业中心的亚力山大·奥斯特瓦德建议把商业环境大体分为四块主要领域,分别是市场影响因素、行业影响因素、重要趋势、宏观经济影响因素。通过假设市场力量、行业因素、关键趋势和宏观经济影响力的发展轨迹,获得设计未来商业模式选项和原型的"设计空间",即商业模式画布,如图4-1所示。

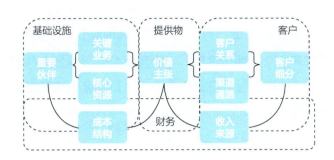

图 4-1 商业模式画布

1. 客户细分：CS（Customer Segments）

客户细分是用来描绘一个企业想要接触和服务的不同人群或组织。客户构成了商业模式的核心。没有（可获益的）客户，企业就无法长久生存。企业可把客户分成不同的细分类别，每个细分类别中的客户都具有共同的需求、共同的行为和其他共同的属性。到底该服务哪些客户细分群体，该忽略哪些客户细分群体，一旦企业做出决议，就可以凭借对特定客户群体需求的深刻理解，仔细设计相应的商业模式。对于初创企业，要学会抵御诱惑，千万不要想去做所有人的生意。

2. 客户关系：CR（Customer Relationships）

客户关系用来描绘公司与特定客户细分群体建立的关系类型，企业应该弄清楚其希望和每个客户细分群体建立的关系类型，它可以被以下几个动机所驱动：客户获取、客户维系、提升销售额（追加销售）。例如，不少移动网络运营商的客户关系是由积极的客户获取策略所驱动，包括入网赠送免费移动电话或者进行补贴。当市场饱和后，运营商转而聚焦客户保留以及提升单客户的平均贡献度（ARPU 值）。

3. 渠道通路：CH（Channels）

渠道构成了公司相对于客户的接口界面。渠道通路包含以下功能：提升公司产品和服务在客户中的认知；协助客户购买特定产品和服务；向客户传递价值主张；提供售后支持。

4. 收入来源：RS（Revenue Streams）

收入来源用来描绘公司从客户群体中获取的现金收入。如果客户是商业模式的心脏，那么收入来源就是动脉。企业必须了解清楚什么样的价值能够让各客户细分群体真正愿意付款？只有回答了这个问题，企业才能在各客户细分群体上发掘一个或多个收入来源。每个收入来源的定价机制可能不同，如固定标价、谈判议价、拍卖定价、市场定价、数量定价或收益管理定价等。一个商业模式可以包含几种不同类型的收入来源，比如通过客户一次性支付获得的交易收入，以及客户为获得价值主张与售后服务而持续支付的费用等。

5. 价值主张：VP（Value Propositions）

价值主张是用来描绘为特定客户细分群体创造价值的系列产品和服务。它解决了客户困扰，满足了客户需求。每个价值主张都包含可选系列产品或服务，以迎合特定客户细分群体的需求。在这个意义上，价值主张是公司提供给客户的受益集合或受益系列。价值主张可分为两类，一是可能是创新的，并表现为一个全新的或破坏性的提供物（产品或服务）；另一类则是与现存市场提供物（产品或服务）类似，只是增加了功能和特性。

6. 关键业务：KA（Key Activities）

关键业务是用来描绘为了确保其商业模式可行，企业必须做的"最重要"的事情。任何商业模式都需要多种关键业务活动，这些业务是企业得以成功运营所必须实施的动作。正如核心资源一样，关键业务也是创造和提供价值主张，接触市场，维系客户关系并获取渠道通路的基础。而关键业务也会因商业模式的不同而有所区别。例如，对于微软等软件制造商而言，其关键业务是软件开发。对于戴尔等电脑制造商来说，其关键业务主要是供应链管理。对于麦肯锡等咨询企业而言，其关键业务主要是问题求解。

7. 核心资源：KR（Key Resources）

核心资源是用来描绘让商业模式有效运转所必需的最重要因素。每个商业模式都需要核心资源，这些资源使企业、组织能够创造和提供价值主张、接触市场并与客户细分群体建立关系、赚取收入。核心资源可以是实体资产、金融资产、知识资产或人力资源，既可以是自有的，也可以是公司租借的或从重要伙伴那里获得的。不同的商业模式所需要的核心资源也有所不同。比如，微芯片制造商需要资本密集型的生产设施和固定资产投入，而芯片设计商则需要更加关注"高精尖"的人才资源。

8. 成本结构：CS（Cost Structure）

成本结构用来描绘运营一个商业模式所需的所有成本。创建价值和提供价值、维系客户关系以及产生收入都会引发成本投入。这些成本在确定关键资源、关键业务与重要合作后可以相对容易地计算出来。然而，有些商业模式，相比其他商业模式更多的是由成本驱动的。例如，那些号称"不提供非必要服务"的航空公司，是完全围绕低成本结构来构建其商业模式的。

9. 重要伙伴：KP（Key Partnerships）

企业会基于多种原因打造合作关系，合作关系正日益成为许多商业模式的基石。很多公司采取创建联盟的策略来优化其商业模式、降低风险或获取资源。我们可以把合作关系分为以下四种类型：在非竞争者之间的战略联盟关系；在竞争者之间的战略合作关系（竞合）；为开发新业务而构建的合资关系；为确保可靠供应，构建的"购买方—供应商"关系。

四、商业模式的创新

失败的企业大致相同，成功的企业却各有各的道路。没有一种商业模式适合于所有企业，也没有一种商业模式永不过时，只要环境是变化的，所有企业都需要对商业模式进行创新。商业模式的创新就是为实现企业持续并有效赢利，而将内外部资源合理调配和利用，以便能够为购买者或消费者提供更为准确的价值的过程。

（一）价值链延展型的商业模式创新

这种商业模式创新是在原有价值链的基础上，通过延长其两端的价值活动（按战略管理的说法是纵向一体化），即向行业价值链两端的供应商价值链、渠道价值链和顾客价值链延伸，或者在某些价值活动的横截面上延展同类价值活动，使企业价值链涵盖更多的价值活动，如并购同类企业以实现产品的相关多元化，从而获得成本领先和差异化优势。因此，又可以将延展型商业模式创新分为纵向延展型商业模式创新、横向延展型商业模式创新和混合延展型商业模式创新。

（二）价值链分拆型的商业模式创新

这种商业模式创新是将企业价值链缩短，只保留核心价值活动（具有核心竞争力且难以被模仿的价值活动）和相对优势价值活动，并在此基础上对价值活动的各利益方，尤其是伙伴关系进行重新整合，形成有效的制度安排。在价值链分拆型的商业模式创新中，最具代表性的就是贴牌生产方式。

（三）价值链延展与分拆相结合的商业模式创新

价值链延展与分拆相结合的商业模式创新，既对企业基础价值活动进行分拆外包，又把企业以外的其他价值活动纳入企业价值体系中，然后再对价值活动、利益方关系进行优化整合，因此，它兼具了前两类商业模式创新的优点。

（四）价值创新型的商业模式创新

价值创新既包括技术层面的创新，也包括组织结构、制度安排、价值理念和企业文化层面的创新，这是其他企业很难模仿的。这种通过价值创新形成的商业模式可以产生很强的协同效应，不仅能够提高企业的运营效率，而且可以降低企业的运营成本，增强企业的核心竞争力。

（五）混合创新型的商业模式创新

混合创新型是现实中存在数量最多、最常见的一类商业模式创新，因为新创企业想要在激烈的市场竞争中长期保持一定的竞争优势，就必须不断地根据自身优势进行创新。一方面通过价值链的延展、分拆，获得成本领先和管理协同，实现优势互补和灵活反应；另一方面通过价值活动的创新，增强企业核心竞争力，提高企业差异化经营能力，为企业和顾客创造更多的价值。

活动　商业模式画布的展示

1. 收集一些知名企业的商业模式案例，运用所学知识，分析其成功的秘诀。从经典画布案例中总结出几个常见的商业模式画布的模板。

2. 如果你是某互联网创业公司的 CEO，请你结合创业项目的实际情况与所学知识，完成商业模式画布设计。

侯毅：盒马生鲜的新零售商业模式

盒马模式的核心是什么？侯毅认为盒马还真的像河马——体型庞大，但温和亲民。

生鲜业都推崇轻模式，但侯毅一反常态的用重模式做生鲜——庞大体系加互联网式亲民。但就是这只看上去笨拙的河马，成长速度飞快。在一片唱衰的生鲜业里，逆势增长。

盒马模式的核心——商业的本质依然是不断满足顾客的消费需求。

侯毅说：基于当前消费的需求特点，盒马鲜生重新设计了一套消费价值观。第一，"新鲜每一刻"。我们认为新的生活方式就是买到的商品都是新鲜的，每天吃的商品都是新鲜的。我们认为消费者追求的是新鲜的生活方式，所以盒马鲜生里面买的所有商品仅供你吃一顿饭。盒马鲜生把所有的商品都做成小包装，今天买今天吃。不追求原来所谓的大批量、大包装，所有的商品只用一次就够了。第二，"所想即所得"。当你在上班，没有时间去买菜的时候，可以在下班途中，在盒马鲜生下单，商品会和你同步到家。盒马鲜生提供的线上商品和线下商品是完全同一商品、同一品质、同一价格。所以新零售是满足消费者随时随地、在不同场景下的需求，"所想即所得"，让消费者的生活更加方便。第三，一站式购物模式。我们利用互联网技术来扩大盒马鲜生的品类，盒马鲜生有门店，但面积、SKU有限，便扩建了B2C频道，来满足稀有商品的消费需求。你可以在盒马鲜生买到5000元一条的野生黄鱼，这些高档食材原来在超市根本就买不到。我们还会推出各种各样的预售商品，来满足消费者的各种需求。盒马鲜生是围绕吃来定位的，会满足你所有吃的问题，所以一站式服务使我们具备巨大的商品竞争能力。第四，让吃变得快乐，让做饭变成一种娱乐。盒马鲜生不断推出各种各样的活动让消费者参与，让80后、90后消费者在家里做每一顿饭的时候都能够体现他的价值。所以盒马鲜生在整个店里面设置了大量的分享、DIY、交流等等。让"吃"这件事变成娱乐、变成快乐，消费者就会产生强烈的黏性。新零售实质上就是要满足消费者对更高品质、更深层次、更广范围、更加个性的消费追求，让生活更加美好、更加开心。

盒马模式的关键——新零售模式改变了这些传统零售模式

侯毅说：盒马鲜生是新零售，与传统超市有本质区别。首先，是门店的定位，传统精品超市、社区超市、便利店，门店的规模以人群的划分来定位。而盒马鲜生是基于场景定位的，围绕吃这个场景来构建商品品类。而我们吃的商品品类的构成远远超越超市、卖场，所以在吃这个环节上，盒马鲜生能够给消费者更满意的服务。其次，在商品结构方面，盒马模式改变了传统超市、卖场的品类组合原则，使整体的品类组合更浅，更加扁平化。盒马追求的是：不是为顾客提供简单商品，而是提供一种生活方式，期望将以往家庭完成的事情放到店里完成，为顾客提供的是可以直接食用的成品、半成品。这些品类也带来了巨大的毛利空间。盒马放弃了客单价的理论，由以自我为中心的经营理念，转向以消费者为中心的经营理念。第三，餐饮与超市融合，盒马鲜生要颠覆传统餐饮业、零售业，餐饮不单单是盒马的体验中心，更是流量中心，带来了消费者的黏性。餐饮就是盒马鲜生里面的加工中心，它可以提供更多的半成品、成品在网上销售。第四，超市功能＋餐饮功能＋物流功能＋企业与粉丝互动的运营功能，已经颠覆传统的零售模式。第五，新的门店组织架构奠定了线上线下的高度融合。盒马鲜生有餐饮副店长、物流副店长和线上运营副店长。从门店组织架构来讲，盒马鲜生绝对不是一个O2O的企业，因为大部分销售来自于线上而不是线下。第六，强大的物流功能，盒马鲜生最大的特点是快速配送，门店附近3～5公里范围内，一般30分钟送达，最长一般不会超过1小时。

从盒马的定位、商品结构来看，主要是改变传统零售以商品为中心的经营模式，走向以场景为中心的商品组织模式；加上强大的复合生态，大大丰富了消费，通过互联网，大大提高了效率；新零售不是颠覆传统零售，本质依然是顺应消费升级的需求，提升消费者的生活品质。

学习反思

创业资源的有效获取对于成功创业而言至关重要，同时商业模式作为一种创新形态，在实施过程中，会遭遇来自组织内、外部的多重阻力，只有当创新的动力冲破阻力时，商业模式的创新才可能启动。商业模式创新是一项系统工程，其创新路径因创业者的视角不同而不同。随着实践和研究的深入，一般认为商业模式的创新路径大致可分为组成要素创新、系统创新、价值链创新、战略创新四种；商业模式画布是一种描绘、创新商业模式的可视化工具。

第五章 创业计划

学习目标与任务

1. 了解创业计划书的内容类型。
2. 掌握市场调研的方法。
3. 学会撰写与展示创业计划书。

宠爱家的创业计划简介

杭州有宠网络科技有限公司是一家由在校大学生创办的，利用信息技术向用户提供优质宠物服务信息的互联网公司。其主要产品"宠爱家"是国内首个C2C宠物服务技能交易平台。平台创新性的将提供掌握宠物服务技能的个人或商家与有需求的养宠用户直接链接起来，产品形态包括APP、网站、微信公众号等。创业初期，团队成员与苏河汇、投哪儿等天使投资机构进行初步接洽，数名投资人对该项目表达出浓厚兴趣。目前，宠爱家已经和线下40多家专业的宠物店、宠物医院、驯犬学校达成合作，结合线上招募的100多名有经验的养宠达人，服务范围覆盖整个杭州市。

按照以下大纲撰写创业计划书，从各个方面充分展示有宠科技"让养宠更科学，让养宠更方便"的创业理念，将"宠物服务提供者"与"宠物服务需求者"紧密地联系起来。

一、公司概要

二、公司描述

1. 公司名称
2. 公司宗旨
3. 公司性质
4. 创新理念

5. 产品介绍

6. 创业可行性

7. 公司初始资本需求

8. 融资计划

9. 资本结构

三、服务介绍

1. 主旨

2. 消费群体

3. APP 主要功能介绍

4. 服务研发

5. 盈利模式

四、市场分析

1. 市场描述

2. 竞争分析

3. 市场风险

4. 法律纠纷风险

5. 市场营销

五、发展愿景

1. 公司成立初期计划

2. 公司中期发展计划

3. 公司长期设想

六、项目影响和效益

创业箴言

> 回头看我的创业历程，是不断寻找、不断纠正的过程。
>
> ——吴锡桑（中国网络游戏先行者）

第一节 什么是创业计划

一、创业计划

创业计划（Business Plan），又称为商业计划，是创业活动的重要组成部分。它用来描述与特定商业活动相关的所有内部要素及外部条件，是对特定商业活动详尽筹划后的系统描述。它主要用于向投资方和创业投资者说明公司未来发展战略与实施计划，展示自己实现战略和为投资者带来回报的能力，从而取得投资方或创业投资者的支持。

创业计划不仅要建立未来的目标，还应该列出创业企业想要达成目标所需的战略战术行为、人力资源与财务资源等。创业计划的价值在于对决策的影响，创业计划将促使创业项目的开展具有计划性、针对性和条理性，增加创业项目成功的概率。通常情况下，创业计划是各项职能计划如市场营销、财务、生产、人力资源计划的综合，为创业经营过程中制定决策提供依据和指导方针，也为衡量业务进展情况提供标准。它将回答这样的问题："目前我们在哪里？我们将去哪里？"

具体来讲，创业计划有以下重要作用：

（1）制订创业计划是使创业者集中精力思考问题的一个有效方法。经历了这个过程之后，创业者能够明确目标，并对自己组建经营企业的能力进行一番评估；同时，创业者在进行大规模投资之前也可以利用制订创业计划这一过程检验创业项目的可行性。企业在创建或兼并之前一般都要准备这样的创业计划。

（2）创业者通过制订创业计划，确定具体的目标和参数，并以此为尺度衡量业务的进展与营利性。这种计划同样也是创建或兼并企业应先做的工作，而且构成了企业可持续经营过程的一部分。

（3）资金对于一个企业的成长和发展来说尤为重要，但是由于能够完全自筹资金的创业者相对较少，大多数创业者面临的一个问题就是外部融资。因此，对于创业者来说，有一份好的创业计划是融资成功与否的前提条件。

二、创业计划书的定义

创业计划书是将有关创业的许多想法，借由白纸黑字最后落实的载体。创业计划书可以说是一份全方位的商业计划，除了明确自身想法、明确阶段性目标外，还要给投资方看，便于投资者做出评判而使得项目获得投融资。创业计划书是用来描述拟创办的企业或项目内外部环境特点，从而为项目的长期发展进行指示或作为衡量业务发展的一把标尺。

三、创业计划书的内容和类型

创业计划书的质量会直接影响创业者是否能找到优秀的合作伙伴、资金及其他人力物力财力等的支持。所以，写好创业计划书，还要依照其主要用途来划分好重点，要有所侧重。如明确计划书是给投资者看的，还是用来进行银行贷款的。通常情况下，一份完整的创业计划书应包含以下内容：事业描述、产品或服务、目标市场概貌、相关竞争、管理方式、人事制度、财务需求与应用、相关风险评估、成长与发展等。

创业计划书可以从不同角度区分为不同的类型，下面我们将按创业计划书的编写目的、结构及篇幅进行分类。

（一）按创业计划书的编写目的分类

1. 争取风险投资的创业计划

在编制这类创业计划时，可能已经存在一家公司，也可能是需要得到这笔风险投资去建立另外一家公司。这类创业计划通常包括以下几部分内容：①计划概述；②产业背景和公司概述；③市场调查和分析；④公司战略，项目总体进度安排；⑤关键风险和问题；⑥管理团队的组成；⑦企业经济状况；⑧财务预测；⑨假定公司能够提供的利益。

2. 争取他人合伙的创业计划

要争取与他人合伙，就必须将自己的创业思路告诉给他人，达到心理上的高度沟通与信任。这类创业计划一般包括以下几个部分：①创业机会及其商业价值描述；②新创企业拟提供的产品或服务以及可能的用户群；③可能的市场竞争与拟采取的市场策略；④可能的市场收益；⑤可能遇到的风险及对策；⑥希望别人以怎样的方式参与；⑦将给新进入者哪些利益。

3. 争取政府支持的创业计划

过去，个人或机构要开展某项商业化开发或产业化活动，如希望得到政府支持，就必须研究、编制、提供可行性报告。而现在，政府和相关机构希望个人或商业机构提供的可行性报告已越来越类似于一个创业计划。编写这类创业计划一般应包括以下部分：①总论；②团队情况；③产品的市场需求预测；④项目的技术可行性；⑤项目实施方案；⑥投资估算与资金筹措；⑦项目效益分析；⑧项目风险及不确定性分析；⑨关于项目可行性的综合结论；⑩希望政府给予的具体支持。

（二）按创业计划书的结构和篇幅分类

1. 略式创业计划

略式创业计划包括企业的重要信息、发展方向以及少部分重要的辅助性材料，是一种比较简略、短小的计划。略式创业计划的篇幅通常在 10～15 页。一般来说，略式创业计划主要适用于以下几种情况：一是申请银行贷款；二是创业者享有盛名；三是试探投资者的兴趣；四是竞争激烈、时间紧迫。

2. 详式创业计划

在详式创业计划中，创业者必须对整个创业思想做一个比较全面的阐述，尤其能够对计划中的关键部分进行较详细的论述。详式创业计划的篇幅一般在 30～40 页，通常会附有 10～20 页的辅助性材料。详式创业计划主要适用于以下两种情：一是详细解释和探索企业的关键问题；二是寻求大额的风险投资。

第二节
市场调研

一、市场调研的主要内容与作用

（一）市场调研的内容

市场调研是指对产品从生产、流通到消费领域所做的调研，调研内容包括消费者调研，以及产品的定价、包装、运输、销售环境、销售渠道、广告调研等。

进行创业项目的市场调研，主要是弄清楚以下一些问题：消费者对拟提供产品或服务的需求程度、各种类型消费者消费的可能性、消费者对拟提供产品或服务的价格的敏感程度、替代和互补产品或服务的市场供给状况、消费者对同类产品或服务的认知渠道和消费依据等。

（二）市场调研的作用

对创业项目做市场调研的目的就是为创业项目的相关决策提供依据或者为验证创业决策中的相关推断和策划而进行的各种市场信息的收集、整理、分析和应用的过程。因此，市场调研对创业项目的前期规划和设计有着关键性的支持作用。

市场调研对创业的支持作用体现在如下几个方面：

1. 激发创意或推动创新

无论是创意还是定向开发模式下的技术创新的思想来源，都必须建立在大量的信息和经验的基础上。因此，对于那些还没有明确的创业项目，甚至是还没有明确的行业定位的创业者来说，市场调研将是他们发现商业机会的最有效手段。

2. 验证和完善创业项目的初步规划

即使一个在某行业从业多年的人，他对该行业的了解也是有限的。这样，创业者所选择的创业项目及其初步规划就可能与实际情况存在一定的偏差，这种偏差也需要通过市场调研来加以验证和完善。

3. 创业项目的可行性论证

在创业项目的商业策划和可行性研究当中，都需要对项目未来的财务状况进行分析和预测，这其中就必然要用到预期的销售量、价格、成本等相关数据。而对于一个还没有实施的创业项目而言，只能通过调研的方式来获得这些数据。

4. 营销策划的决策依据

与成熟企业及其产品（或服务）的营销活动相比，创业项目的市场营销存在着更大的难度，并且可以使用的资源（资金、渠道等等）也相对较少。在这种情况下，就对市场营销的策划提出了更高的要求，因此，对市场调研的要求也就自然提高了。没有全面准确的市场调研，营销策划将面临更大的风险。

5. 宣传作用

尽管这不是创业项目市场调研的根本目的，甚至也没有人会把市场调研当作一种典型的市场宣传手段，但却不能否认市场调研在一定程度上所起到的宣传作用。也就是说，创业项目市场调研可能使潜在的顾客对创业项目的独特产品（或服务）或创新的业务模式提前有所了解。

二、怎样做好市场调研？

（一）市场调研的类型

根据调研的目的和功能，关于创业项目的市场调研可分为以下四种基本类型：

1. 探索性调研

探索性调研的目的在于发现而不在于证明，一般通过对问题的假设和对二手资料的调研及经验判断等，提炼、理清下一步要调研的主要问题和调研方向，使调研人员对问题思路更清晰。在预调研阶段，调研问题往往需要借助于探索性调研来界定。但是一般情况下探索性调研不能提供决策所需要全面、清楚的信息。

2. 描述性调研

描述性调研的目的在于解决什么问题、如何做、什么时候、什么地方、有多少等这一类的问题，如调查某品牌的市场占有率、购买频率、不同年龄和收入的人对某品牌的消费量等，可采用抽样调查法。

3. 因果性调研

因果性调研在于确定某一变量和另一变量之间的因果关系，如价格的下调如何影响销量的变化，广告对某品牌知名度的影响等。因果关系一般用实验的方法确定，常见的方法有实验法。

4. 预测性调研

预测性调研着眼于未来，如市场潜在需求、市场销售变化、消费者购买行为变化趋势等。

（二）市场调研的阶段

市场调研是一项具体、复杂、细致的工作，为了提高调研活动的质量和效率，必须明确市场调研工作的阶段和任务。

一般来讲，在调研之前要明确问题所需的信息，然后设计收集信息的方法，接着检测和执行数据收集的过程，最后分析结果，并把调查中的发现和其含义总结成结论。

1. 预调研阶段

首先应明确创业类型，确立调研的范围和问题。明确调研的问题，对指导调研的正确方向起着重要作用。假设某公司准备经营一个零售店，为了选址，需对某个商业区（街）的客流量进行调查，那么对客流量的调查就成为这次调研的问题之一。

其次，通过既存资料的收集和分析，明确缺什么资料，应该重点调查哪些事项。例如在客流量的调查中，通过过去商店街的调查资料，了解客流量最多和最少的地方。

2. 调研设计阶段

调研设计是用来确认收集和分析所需信息的方法和程序，它是调研行动计划的基本框架，主要任务是调研类型设计和市场调研方法设计。为了获取较准确的结果，首先确定抽样方法，决定如何选择调查对象的问题。其次，根据调查课题选择调查方法和主体。调查主体就是由谁来进行调查，可采取自行调查、委托外部专门组织调查、二者并用等三种方法。一般来讲，小企业由于资金的限制，多采取自行调查的方式。调查方法和主体决定以后，应该设计一个调查计划表，包括调查顺序、日程规划、必要的费用及其负责调查人员名单等。

3. 调研展开阶段

调研设计一旦正式确立，接下来就是采集资料和收集数据的过程，这也是调研展开阶段主要的任务。在本阶段执行任务时应注意：

(1) 需要准备的调查工具。如照相机、秒表、计数表、记录用具、小型录音机等。在商店选址调查中，还需准备商店街布局图、地区地图、交通图及地区商店一览表等。

(2) 要注意调查时间、地点等问题。例如在调查客流量时，不仅要调查白天客流量，还要注意傍晚和夜间客流量，不仅要调查平日，还要调查节假日的客流量。

(3) 需采集的资料。采集到的资料包括第一手资料（即统计学所称的原始资料，一般是由实地调研获取的资料）和第二手资料（也称次级资料，是经过整理的资料），还可以包括历史资料（也称描述性资料，即已发生过的市场营销活动过程的资料）和有关营销活动发展动向和发展趋势的资料（也称预测性资料）。

(4) 形成结论阶段。在本阶段对调研材料进行综合分析整理，并根据调研目的写出一份调研报告，得出调研结论，确定创建企业或开展营销活动的可行性。值得注意的是，调查人员不应当把调研报告看作是市场调研的结束，而应继续注意市场情况变化，以检验调研结果的准确程度，并发现市场新的趋势，为改进以后的调查打好基础。

（三）市场调研应注意的事项

1. 要配合调查实际状况，采取抽样理论等科学的方法，以获得精确调查结果，决不可持随便态度，以偏概全。

2. 调查时应尽量使用多种以上方法，相互印证调查资料的准确性，以免判断错误。虽然使用多种方法将导致调查成本增加，但能增加结果的可靠性。

3. 展开市场调研后，必须发挥创造力，不断探求可能产生的问题，找出能使被调查人说出准确答案的方法。

4. 市场调研结论及建议应能切中要点，具有客观性，能为企业的经营决策提供必需的参考信息。

5. 市场调研成本与成果价值比较，必须合理。因此，开展各项调研时应自问：为了更多的市场信息而花费更多的额外费用是否值得。

第三节 撰写与展示创业计划书

一、创业计划书的格式

（1）目录

目录中应该列出主要内容及页码。如果计划需要保密，可在末尾显著位置写明保密声明。比较合适的声明可以这样行文："本计划为保密材料。计划的目的是征求公司所有者的建议，并寻求资金的支持。没有作者的书面同意，计划或者计划所包含的信息，不得转给他人。"

（2）执行摘要

执行摘要应力求简明扼要，篇幅最好不要超过一页，主要说明以下内容：

- ◇ 对企业的表述。说明企业的类型（零售业、批发业、服务性行业、生产性行业），介绍企业提供什么样的产品或服务以及企业的远景目标。
- ◇ 所涉及的主要方面。写出直接参与企业的所有者、主管人或者经理的全名。
- ◇ 公司经营的目的。
- ◇ 要做的事情与现存的状况有哪些不同。
- ◇ 项目所需资金以及预计从何处获取。

（3）业务概况

- ◇ 描述所确定的短期、中期和长期目标，以及准备实现这些目标的期限。
- ◇ 说明有关该项目想法的缘由，以便让读者判断这个想法的新颖程度。
- ◇ 说明将要采取何种所有制结构，是私营公司还是合作公司。
- ◇ 介绍主要管理人员以及他们的背景材料，这样会使读者对企业的成功更有信心。
- ◇ 说明在调研的过程中发现的那些最让人关心的因素。

（4）经营性计划

这一部分主要是介绍企业如何经营。不同的行业对其经营性计划有不同的要求：

- ◇ 生产业。可以确定工厂的位置，以及生产过程的每个细节。
- ◇ 零售业。可以说明所选择的供货商、进货控制政策，并同时交待对供货商和客户的信贷条件；还可以说明，为了实现最佳的销售额对商店的布局所做的考虑。
- ◇ 服务业。要考虑如何排定各项工作的时间以及用多少资金来实现那些日常业务。例如：需要的员工人数，对他们的资格和经历的要求，他们将从事的工作，所需的会计师等。在概览的最后一部分提出影响企业经营发展的关键因素，把这些因素写进计划，就会显示出创业者对企业经营发展进行了深入的考虑，不但找到了关键的因素，而且还制定了处理这些因素的策略。

（5）销售计划

在销售计划里除了要向读者说明公司存在的原因、将来可能出现的竞争外，还需要提供如下一些方面的信息：

- ◇ 对市场的调查与分析结果。
- ◇ 对竞争对手情况的分析，包括竞争对手的数量、经营了多长时间、市场占有率的大小、产品内容。
- ◇ 确定目标市场。
- ◇ 说明具备哪些竞争优势——为什么你和你的公司是最好的，以及会如何利用这些优势。
- ◇ 有关现有市场的范围、人数、销售额以及市场性质、形势的详细情况。
- ◇ 将提供哪些产品和服务。
- ◇ 公司业务的周期性和业务性。这将揭示各种趋势和季节因素对公司业务的影响。
- ◇ 有关销售方式的详细情况。
- ◇ 公司的地址、费用情况以及阐明选址的原因。这一条对零售业公司尤为重要。
- ◇ 举例说明价格政策。
- ◇ 未来的市场走势及机遇。

（6）财务计划

- ◇ 所需的固定资金、固定财产的详细情况。

◇ 所需的流动资金及计算资金数额的方法。
◇ 向公司投入的经费。
◇ 其他资金来源。
◇ 资金周转预测。
◇ 盈亏预测。

创业者要对以上内容要做出评价，指出积极的方面，列出资金需求的证据，通过资金周转的情况分析证明自己有能力满足未来借款的偿还要求。同时还应对企业的经营做收支平衡分析，这样可以证明已经考虑到了可能发生的最坏情况，能做出满足短期资金需求的计划。同本行业的平均水平进行比较，也可提高数据的可信度。在什么时候以何种方式对公司的财务情况进行监测和评价，所应付出的税金在财务计划里也应做出说明。

（7）法律要求

将国家、地方的有关法规要求以及对许可证、注册和特别资格要求的相关文件的复印件放在计划后面。

（8）创业者的计划

◇ 经营公司的好处与风险。
◇ 对自身的长处与短处进行比较、评价。
◇ 如何管理自己和团队（包括如何管理时间和如何对付外来的压力）。
◇ 个人目标。
◇ 培训计划。

可将你所参加的社会团体和专业协会的名称列出来，还可提供本人和合伙人的财务情况报告。

（9）附录

◇ 有关经历、技能简历以及资格证书的复印件。
◇ 意向书。
◇ 保险报价。
◇ 国家、地区有关本行业的政策法规。
◇ 有关供货商的协议和条件。
◇ 有关银行或其他渠道出具的贷款证明及信件。

◇ 调查问卷的复印件以及调查结果。

信息的准确性和内容的简洁性是制定创业计划书时的两个重要因素。计划的行文应当语言平实，专业杂志、文献、图书和有关机构的新闻都将提供本行业的最新情况，有关数字信息要准确、有依据。

二、创业计划书的常见问题与对策

（一）大学生创业计划书中存在的常见问题分析

对于大学生而言，生活阅历和工作经验都有所欠缺。由于缺少必要经验，在创业初期往往步履维艰，这也非常明显的体现在创业计划书中。不论是企业或团队管理经验的匮乏，还是对市场变化或发展把握经验的匮乏，以及把控风险的意识方面，都显得相对稚嫩。常见的问题主要有以下几点：

1. 目标不明确，过度美化市场和前景

没有明确的目标。很多高校生在创业计划书中往往踌躇满志，把市场和前景过度美化，通常，这样的乐观往往会导致整个创业过程的步履维艰，甚至是项目的最终失败。

2. 盈利模式不清晰

大学生的创业计划书中还存在着盈利模式不清晰的问题。由于缺乏生活阅历等原因，大学生往往在创业计划书中大篇幅的描述项目的现状及美好的前景，从而忽略甚至是忘记了对项目本身盈利模式的探索和构建，很难意识到健康的、可持续盈利模式的重要性，这也直接关乎创业项目是否能走得更远。

（二）写好创业计划书的对策

1. 明确目标，直奔主题

通常情况下，投资人拿到创业计划书后会在短短几分钟内完成阅读。时间就是机会，有时候，节省投资人的时间就是在为自己的创业项目赢得更多的机会。所以，计划书开篇就应直奔主题，明确要做的事及目标是什么，没有必要为了说服投资人而进行大篇幅的前期铺垫，因为投资人对行业都有基本或很专业的认识，而创业者需要做的就是用最直接的方式表述出自己项目的整体逻辑。

2. 对产品进行简单全面的描述

这是创业计划书中的重要部分。一般有以下几点要素：①简单明了的介绍产品，少说空话。②介绍目前产品所处的阶段，如研发状况或生产状况等。③明确项目所处的阶段，因为投资者或投资机构的不同对项目本身的评判标准也是不一样的。④用数据说话。投资人会非常关注用户数、日活跃用户数量及相关增长的一系列数据。⑤同类产品的对比。对和自身项目所处阶段相近的项目或产品进行客观对比。

3. 发展历程、融资情况及盈利模式的介绍

做一个项目或产品的发展历程时间表，突出关键的时间点，比如何时立项、何时组建团队、何时推出产品、预计何时盈利等。明确融资需求，包括过往的融资情况，资方是谁，股份多少等。对于将要融得的资金怎样使用，如多少用于产品研发，多少用于市场推广等，体现出资金使用的合理性。对于盈利模式，一定要基于现有情况对未来做一个理性的逻辑判断。投资人倾向于盈利模式清晰可见或已具有盈利能力的项目。

4. 对团队的描述

对于早期的项目，与其说是投资项目，不如说是投资人才，所以对项目核心团队的介绍就显得尤为重要。投资者非常关注团队如何分工及配合的默契程度。在核心团队的介绍中，很多创业者会忽略介绍股权结构，这是致命的一个失误。因为投资者非常关注创业公司有没有健康的股权结构，以及核心团队的持股比例是否充足且全职创业，这些都关系到创业者是否能全身心投入到项目中去，甚至关系到项目的成功与否。

三、怎样进行创业计划书的展示？

1. 展示前的准备工作

（1）再次熟悉创业计划书　　在展示创业计划书之前，必须再次熟悉创业计划书的内容，做到胸有成竹，以备答辩。这里不仅要熟悉创业计划书中所写的内容，更要熟悉计划书中的一些判断或预测的依据和证明材料，这样有利于说服投资者。

（2）展示创业计划书的演练　　在正式展示创业计划书之前，团队应该经过多次演练，尽可能找些不同的人来做听众，让他们从不同的角度提出一些合理性的建议或意见，这样不断地演练和改进，不仅有利于展示效果，更有利于提高团队的自信心。

（3）准备合适的展示方式　最常用的展示创业计划书的方式就是幻灯片，可以有效帮助创业者表达，尤其是销售预测、财务报表等这类数据内容，用表格、柱状图、饼状图或增长曲线图等方式展示会更加形象有效。当然，还可以通过一些简短的音频或视频方式来展示。

（4）合理安排成员及分工　为了更有效地展示创业计划书，往往是通过团队方式来合作展示。但人数一般不宜过多，三人左右比较合适，一人主讲，一人辅助，一人辅助协调。这样也能体现出团队的合作精神。

（5）研究要会见的投资者　在展示创业计划书之前，尽可能地通过各种渠道搜集一些将要会见的投资者的资料，最好能收集到他在各种场合讲话的内容，或者收集到他写的文章，从中了解投资者的思想，做到知己知彼，方能百战不殆。

2. 向投资者陈述创业计划书

陈述一般是由创业团队主讲人按照幻灯片演示文件来向投资者介绍项目情况，介绍通常会持续 15~20 分钟，接着要准备用 15~20 分钟的时间来回答投资者的问题。通常情况下，所做的介绍会给出创业计划的关键要点综述。陈述的过程是宣传创业者创意的机会，也是一个展示创业者自我的机会，应该抓住演讲的机会进行充分展示。演讲时要充满激情，语言要充满感染力。演讲的开头很重要，一定要选好合适的形式来开场以引起投资者的兴趣，演讲过程中要适当运用肢体语言和音量的变化来吸引投资者的注意力，演讲的结尾也要让投资者提起精神，建立投资信心。

活动一　撰写一页纸的创业计划书

1. 要求运用所学的创业基础知识，比如识别创业机会与风险、挖掘创业资源与创业融资，结合创业企业的营销管理、财务管理、客户管理等方面的知识要点，撰写一页纸的创业计划书。

2. 要求结合所学知识提炼出创业项目的主要内容及优势分析。

3. 一页纸的创业计划书应以自己项目或实际创业案例为内容进行撰写，以个人形式完成。

4. 不超过一页 A4 纸，要求文字通顺，条理清晰，详略得当。

活动二　创业计划书模拟展示

模拟创业项目，制作创业计划书，进行项目路演。

专利产品　国内空白
一年节电 100 亿度政府强力推广

公司简介

我公司成立于 2005 年 8 月,从事节能节电业务,拥有自己的技术与知识产权,包括电机节电器技术、发酵罐排放气流压差发电与能量回收等多项专利。

项目简介

"发酵罐排放气流压差发电与能量回收":发酵罐是药厂与化工企业普遍使用的生产工具,用量非常之大。比如华北制药、石药、哈药这样的企业,每家企业使用的大型(150 吨以上)发酵罐均在 200 台以上。因生产需要,发酵罐前端需要压气机给罐内压气,压气机功率一般在 2000~10000 千瓦,必须 24 小时运转,每年电费在 900 万~4000 万元,满足发酵罐生产,就需要多台的压气机工作。所以,压气机耗电通常是这些企业很大的一项费用支出。经发酵罐排放的气流仍含有大量的压力能,全都浪费在减压阀上。如安装我公司研制的"发酵罐排放气流压差发电与能量回收"装置,可以回收压气机耗费电能的三分之一左右。

同行简介

目前该技术国际统称 TRT,应用于钢厂的高炉煤气压力能量回收。主要的供货商有日本的川崎重工、三井造船,德国的 GHH,国内的陕西鼓风机厂。年销售额达到 20 亿元以上。

进展简介

本项目关键技术成熟并已经掌握,我公司已经与某制药集团达成购买试装与推广协议,项目完成时,预计可以在该集团完成 5000 万元以上的销售。

优势简介

1. 我公司已申请该项目的多项专利。
2. 市场中先行一步,属市场空白阶段。
3. 符合国家产业政策,该项目属于节能减排项目。
4. 各地方政府有节能奖励。
5. 可以申请联合国 CDM(清洁发展机制)资金(每减排 1 吨二氧化碳可以申请 10 美元国际资金,连续支付五年)。制药集团可每年节能 6000 万度,减排二氧化碳

6万吨，由此可获得国际资金供给 300 万美元。

用户利益

1. 减少电力费用支出，以某制药集团为例，如全部安装该装置，一年可以节约大量电费。收回投资少于 2 年。

2. 不需要经常维护，无须增加人员，寿命在 30 年以上，可以为用户创造投资 15 倍以上价值。

3. 降低原有噪音 20 分贝以上。符合环保要求。

4. 其他政府奖励。

目标用户与市场前景

本项目目前主要针对国内药厂、化工厂。从和某集团达成的初步协议看，集团内需求量大约在 100 多套，而全国存在同样状况的有多家药厂，再加上许多化工厂也采用了相同或类似的生产工艺，他们均为我公司的目标市场。总市场预计在 100 亿以上。

学习反思

作为创业者必须要有大局观，对公司发展和项目的生命周期要有一个清晰的规划。这绝不是写商业计划书那么简单，实际推进的过程中会遇到各式各样的问题，这些问题很可能打断原有的发展计划，这个时候就需要一个清晰的大脑来调整方案，重新规划，而不是继续埋头苦干，闭门造车。

第六章　创业融资
Chapter Six

学习目标与任务

1. 掌握创业融资的策略和渠道。
2. 学会测算创业资金需求量。
3. 结合所学知识，能够将创业融资知识运用于创业实践。

郑海涛的三次创业融资故事

郑海涛，1992年毕业于清华大学计算机控制专业，硕士，在中兴通讯公司工作7年，参与研发和市场，从普通员工做到中层管理人员。但他并不满足于平稳安逸的工作。在经过一番市场调查后，2000年他带着自筹的100万元资金，在中关村创办了以生产数字电视设备为主的北京数码视讯科技有限公司。

100万元的资金很快用光，郑海涛只得四处寻找投资商。一连找了20家，都吃了闭门羹。投资商的理由是：互联网泡沫刚刚破灭，选择投资要谨慎；况且数码视讯产品还没有研发出来，投资种子期风险太大，因此风险投资商们宁愿做中后期投资或短期投资，甚至希望跟在别人的后面投资。

2001年4月，公司研制的新产品终于问世，第一笔风险投资也因此有了着落。清华科技园、上海运时投资和一些个人投资者共投了260万元人民币。

2001年7月，国家广电总局为四家公司颁发了入网证（包括北京数码视讯有限公司），允许生产数字电视设备的编码解码器。在当时参加测试的所有公司中，数码视讯的测试结果是最好的。也正是因为这个原因，随后的投资者蜂拥而至。7月份清华科技园、中国信托投资公司、宁夏金蚨创业投资公司又对数码视讯投了450万元人民币。

在公司取得快速发展之后，郑海涛开始筹划第三次融资。2004年7月，公司以35%的股权向中科招商融资2500万元，数码视讯开始由硬件、软件产品向增值服务发展。

郑海涛认为，一个企业要想得到快速发展，产品和资金同样重要，产品市场和资本市场都不能放弃，必须两条腿走路。2010年4月公司上市，成为中国最大的三网融合龙头企业。

创业箴言

创办公司就好比烘焙蛋糕，完美的食料配比才能烤出可口的蛋糕。

——埃隆·马斯克

第一节
创业融资的策略和渠道

创业融资是指创业企业从自身生产经营及资金运用情况出发，根据未来经营发展的需要，通过一定的渠道或方式筹集资金，以满足后续经营发展需要的一种经济行为。

一、创业融资的策略

无论通过哪种渠道融资，这些融资都不外乎两类：股权融资和债权融资。

1. 股权融资

股权融资是指企业的股东愿意让出部分企业所有权，通过企业增资的方式引进新的股东的融资方式。股权融资所获得的资金，企业无须还本付息，但新股东将与老股东同样分享企业的赢利与增长。股权融资的特点决定了其用途的广泛性，既可以充实企业的营运资金，也可以用于企业的投资活动。广义上的股权融资包括内部股权融资与外部股权融资。内部股权融资主要是企业的内部积累；外部股权融资包括个人积蓄、亲友投入、合伙人资金和天使投资等。

创业企业在创建的启动阶段及较早发展阶段，内部积累极为重要。内部积累的资金来源主要是企业在经营过程中赚取的利润，采用内部积累方式融资符合融资优序理论的要求，也是很多创业者的必然选择。鉴于创业企业在资金实力、经营规模、信誉保证、还款能力等方面的限制，创业企业往往会通过不分红或少分红的方式，将企业的经营利润尽可能通过未分配利润的形式留存下来，投入到再生产过程，可为持续经营或扩大经营提供必要的资金支持。

2. 债权融资

债权融资是指企业通过借钱的方式进行融资，对于债权融资所获得的资金，企业首先要承担资金的利息，另外在借款到期后要向债权人偿还资金的本金。向亲友借款、向银行借款、向非银行金融机构借款、向其他企业借款等都是常用的债权融资方式。债权融资的特点决定了其用途主要是解决企业营运资金短缺的问题，而不是用于资本项下的开支。

二、如何寻找恰当的融资渠道？

创业融资的渠道是指创业者筹集资金的方向与通道，体现资本的来源和流量，主要由社会资本提供者的数量及分布决定。目前中国社会资本的提供者众多，数量分布广泛，为创业企业融资提供了广泛的资本来源。具体来讲，创业融资的渠道主要有以下几种。

（一）私人资本融资

1. 个人积蓄

创业者的个人积蓄是创业融资最根本的来源。几乎所有的创业者都向他们新创办的企业投入了个人积蓄。个人积蓄的投入对于创业企业来说具有以下重要意义：

（1）创业者个人积蓄的投入表明了创业者对于项目前景的看法，只有当创业者对未来的项目充满信心时，他才会毫无保留地向企业投入自己的积蓄。

（2）将个人积蓄投入企业，是创业者日后继续向企业投入时间和精力的保证。创业者向企业投入的积蓄越多，在日后的生产经营过程中对企业越关注。

（3）个人积蓄的投入有利于创业者分享投资成功的喜悦。因此，准备创业的人应从自我做起，较早地将自己收入的一部分储存起来，作为创业储备资金。

（4）个人积蓄的投入是对债权人债权的保障。由于在企业破产清算时，债权人的权益优于投资者的权益，所以企业能够融到的债务资金一般以投资者的投入为限，创业者投入企业的初始资金是对债权人债权的基本保障。

当然，对许多创业者来说，个人积蓄的投入虽然是新企业融资的一种途径，但并不是根本性的解决方案。一般来说，创业者的个人积蓄对于创业企业而言总是十分有限的，特别是对于新创办的大规模企业或资本密集型的企业来说，几乎是杯水车薪。

2. 向亲友融资

向亲友融资也是创业融资的重要渠道，在创业中起着重要的支持作用。特别是在中国，以家庭为中心形成的亲缘、地缘、商缘等为经纬的社会网络关系，对包括创业融资在内的许多创业活动产生着重要影响。

在向亲友融资时，创业者必须按照市场经济的游戏规则、契约原则和法律形式来规范融资行为，保障各方利益，减少不必要的纠纷。具体要注意以下几个方面：

（1）创业者一定要明确所融集的资金的性质，并据此确定彼此的权利和义务。若融集的资金属于亲友对企业的投资，则属于股权融资；若融集的资金属于亲友借给创业者或创业企业的，则属于债权融资。由于股权资本自身的特性，创业者对于亲友投入的资金没有必要承诺日后的分红比例和具体的分红时间；但对于从亲友处借入的款项，一定要明确约定借款的利率和具体的还款时间。

（2）无论是借款还是投资款项，创业者最好能够通过书面形式将事情确定下来，以避免将来可能出现的矛盾。

（3）创业者在向亲友融资之前，需要仔细考虑这一行为对亲友关系的影响。要将日后可能产生的有利和不利方面告诉亲友，尤其是创业风险，以便将未来出现问题时对亲友的不利影响降到最低。

（二）机构融资

1. 向银行借款

比较适合创业者的银行借款形式主要有抵押贷款和担保贷款两种。缺乏经营历史从而也缺乏信用积累的创业者，比较难以获得银行的信用贷款。

（1）抵押贷款，是指借款人以其所拥有的财产作抵押，作为获得银行贷款的担保。在抵押期间，借款人可以继续使用其用于抵押的财产。抵押贷款有动产抵押贷款和不动产抵押贷款两种。动产抵押贷款是指以股票、国债、企业债券等银行承认的有价证券，以及金银珠宝首饰等动产作抵押，从银行获取贷款；不动产抵押贷款是指以土地、房屋等不动产作抵押，从银行获取贷款。

（2）担保贷款，是指借款人向银行提供符合法定条件的第三方保证人作为还款保证的借款方式。当借款方不能履约还款时，银行有权按照约定要求保证人履行或承担清偿贷款连带责任。其中较适合创业者的担保贷款形式有自然人担保贷款和专业公司担保贷款两种。自然人担保贷款是指自然人提供担保取得贷款；专业公司担保贷款是指由担保公司提供担保取得贷款。

2. 向非银行金融机构借款

非银行金融机构是指以发行股票和债券、接受信用委托、提供保险等形式筹集资金，并将所筹资金用于长期性投资的金融机构。根据法律规定，非银行金融机构包括经中国银行业监督管理委员会批准设立的金融资产管理公司、企业集团财务公司、金融租赁公司、汽车金融公司、货币经纪公司、消费金融公司、境外非银行金融机构驻华代表处等机构。

3. 向中小企业间的互助机构贷款

中小企业间的互助机构是指中小企业在向银行融通资金的过程中，根据合同约定，由依法设立的担保机构以保证的方式为债务人提供担保，在债务人不能依约履行债务时，由担保机构承担合同约定的偿还责任，从而保障银行债权实现的一种金融支持制度。信用担保可以为中小企业的创业和融资提供便利，分散金融机构的信贷风险，推进银企合作。

4. 交易信贷

交易信贷是指企业在正常的经营活动和商品交易中，由于延期付款或预收货款所形成的企业间常见的借贷关系，通常也称为商业信用。企业在筹办期及生产经营过程中，均可以通过交易信贷筹集部分资金。如企业在购置设备或原材料的过程中，可以通过延期付款的方式，在一定时期内免费使用供应商提供的部分资金。

5. 融资租赁

融资租赁是指实质上转移与资产所有权有关的全部或绝大部分风险和报酬的租赁。融资租赁是集融资与融物、贸易与技术更新于一体的新型金融业务。由于其融资与融物相结合的特点，出现问题时租赁公司可以回收、处理租赁物，因而在办理融资时对企业资信和担保的要求不高，所以非常适合中小企业融资。此外，融资租赁属于表外融资，不体现在企业财务报表的负债项目中，不影响企业的资信状况，对需要多渠道融资的中小企业非常有利。

企业在筹建期，通过融资租赁的方式取得急需设备的使用权，解决部分资金需求，获得相当于租赁资产全部价值的债务信用，一方面可以使企业按期开业，顺利开始生产经营活动；另一方面又可以解决创业初期资金紧张的局面，节约创业初期的资金支出，将用于购买设备的资金用于主营业务的经营，提高企业现金流量的创造能力；同时，融资租赁分期付款的性质可以使企业保持较高的偿付能力，维持财务信誉。

（三）风险投资

风险投资又称创业投资，是指由专业机构提供的投资于极具增长潜力的创业企业并参与其管理的权益资本。从投资行为的角度来讲，风险投资是具备资金实力的投资机构或投资家，对具有专门技术并具备良好市场发展前景，但缺乏充足资金的创业型企业进行资助，以此帮助其实现创业计划，并相应承担该阶段投资可能失败的风险的投资行为。从运作方式来讲，风险投资是由专业化人才管理的投资中介向具有较大潜力，但同时也蕴藏着失败风险的创新型企业投入风险资本的过程，也是协调风险投资家、技术专家、投资者的关系，利益共享、风险共担的一种投资方式。

风险投资的主要特征如下：

（1）投资对象多为处于创业期的中小企业，而且多为高新技术企业或现代服务业。

（2）投资期限通常为3~5年，投资方式为股权投资，一般会占被投资企业15%~30%的股权，而不要求控股权，也不需要任何担保或抵押，但可能对被投资企业以后各阶段的融资提出一定的权利。

（3）投资决策建立在高度专业化的基础之上。

（4）风险投资人一般积极参与被投资企业的经营管理，提供增值服务。

（5）由于投资目的是追求超额回报，当被投资企业增值后，风险投资人会通过上市、收购兼并或其他股权转让方式撤出资本，实现增值后的回收。

（6）风险投资人顺利退出投资时往往能够获得原始投资额五倍以上的资本升值，但也有可能投资失败。

（四）天使投资

天使投资是一种非组织化的创业投资形式，是指自由投资者（个人）或非正式风险投资机构（团体）对有发展前景的原创项目构思或初创期小企业进行早期权益性资本投资，以帮助这些企业迅速启动的一种民间投资方式。可以说，天使投资人是年轻的公司甚至处于起步阶段公司的最佳融资对象，他们是创业企业的早期乃至第一批投资人，在创业企业的产品和业务成型之前就把资金投入进来。

天使投资的主要特征如下：

（1）天使投资的金额一般较小，而且是一次性投入，它对创业企业的审查也并不严格。它更多的是基于投资人的主观判断或者由个人的好恶决定的。通常天使投资是个体或者小型的商业行为。

（2）很多天使投资人本身是企业家，了解创业者的难处。他们不一定是百万富翁或高收入人士，很可能是您的邻居、家庭成员、朋友、公司伙伴、供应商或任何愿意投资公司的人士。

（3）天使投资人不但可以带来资金，同时也能带来一定的资源网络，比如，如果他们是知名人士，还可提高公司的信誉和影响力。

第二节
测算创业资金需求量的方法

一、创业资金的财务规划

创业者在创业行动中,预先对未来的创业资金使用量进行测算,是给未来的创业活动画一条基准线,创业活动中资金使用和列支是围绕它波动的。有了这个基准线,创业者就能知道每件事情应该做到什么程度,做得有偏差的时候,就需要做校准。这个校准的过程,就是朝着基准线不断去靠拢的过程,实际上是一种控制。测算创业项目资金需要量,主要就是要做好财务规划。

财务规划一般包括以下内容:创业计划书的条件假设、预计的损益表、预计的资产负债表、盈亏平衡点分析、现金流量表和资金的来源及使用说明等。其中主要包括现金流量表、资产负债表以及损益表的编制。流动资金是企业的生命线,因此企业在初创时,对流动资金需要有预先周详的计划和进行过程中的严格控制;损益表反映的是企业的盈利状况,它是企业在一段时间运作后的经营结果;资产负债表则反映在某一时刻的企业状况,投资者可以用资产负债表中的数据得到的比率指标来衡量企业的经营状况以及可能的投资回报率。

一份创业计划书概括地提出了在筹资过程中创业者需做的事情,而财务规划则是对创业计划书的支持和说明。因此,一份好的财务规划对评估创业企业所需的资金数量,提高创业企业抗风险能力是十分关键的。财务规划需要花费较多的精力来做具体分析,主要需要做好以下几个方面工作。

1. 了解创业企业的市场特点

企业的财务规划应保证和创业计划书的假设相一致。一般来讲,创业项目对创业者是个新企业,但对于市场而言,不外乎两种情形:一是为一个新市场创造一个新产品;二是进入一个财务信息较多的已有市场。着眼于一项新技术或创新产品的创业项目,没有现有市场的数据、价格和营销方式可供借鉴,因此,它要自己预测所进入市场的成长速度和可能获得的纯利,并把它的设想、管理队伍和财务模型在项目计划中进行深入研究。

对于已有市场的创业企业，则可以很容易地说明整个市场的规模和改进方式。创业企业可以在获得目标市场信息的基础上，对创业企业第一年的销售规模进行规划。

财务规划和创业项目的生产计划、人力资源计划、营销计划等都是密不可分的。要完成财务规划，必须要明确下列问题：

（1）产品在每一个期间的销售量预测；

（2）开始产品生产扩张时间；

（3）单位产品的生产费用；

（4）单位产品的定价（售价）；

（5）预期的成本和利润；

（6）雇用员工类型、雇用时间、工资预算等。

2. 创业中涉及的成本测算

创业成本是指创业过程中所需发生的花费，包括创业前的费用，创业初期的运营成本（最低投入）。创业项目在投入资金之前，一定要了解创业成本。能否准确测算创业所需的成本是成功的关键。低估所需成本，在公司盈利前可能就会花光了钱；高估了成本，将提高项目推进的预期难度，难以将公司建起来。

简单地讲，创业成本可以划分为固定成本和变动成本两个部分，它是测算盈亏平衡点的基础。

（1）固定成本

固定成本是指成本总额在一定时期和一定业务量范围内，不受业务量增减变动影响而保持不变的成本。通常把管理人员的工资、办公费、财产保险费、按直线法计提固定资产折旧费、职工教育培训费、广告费等看作固定成本。固定成本又分为酌量性固定成本和约束性固定成本。酌量性固定成本指创业团队的决策可以影响其数额的固定成本，例如，广告费、职工教育培训费等；约束性固定成本是指创业团队无法决定其数额的固定成本，例如，厂房及机器设备按直线法计提的折旧费、房屋及设备租金、财产保险费、照明费、行政管理人员薪金等。但是，相对于单位业务量而言，单位业务量所承担的固定成本与业务量的增减呈反方向变动。因为在成本总额固定的情况下，业务量小，单位业务量所负担的固定成本就高；业务量大，单位业务量所负担的固定成本就低。

(2) 变动成本

变动成本是指在一定时期和一定业务量范围内其总额随着业务量的变动而成正比例变动的成本。例如，直接材料费、产品包装费、按件计酬的工人薪金、推销员酬金，以及按加工量计算的固定资产折旧费等。变动成本也可以分为酌量性变动成本和约束性变动成本。按产量计酬的工人薪金、按销售收入的一定比例计算的销售佣金、与销售量挂钩的技术转让费等可看作是酌量性变动成本。约束性变动成本通常表现为企业所生产产品的直接物耗成本，以直接材料成本最为典型。但单位业务量的成本保持不变。

(3) 盈亏平衡点的计算分析

盈亏平衡点计算对于创业者来说是很重要的。盈亏平衡点又称零利润点、保本点、盈亏临界点、损益分歧点、收益转折点等，通常是指全部销售收入等于全部成本时（销售收入线与总成本线的交点）的产量。当销售收入高于盈亏平衡点时企业盈利；反之，企业就亏损。盈亏平衡点的基本算法：假定利润为零（或设定为目标利润）时，先分别测算原材料保本采购价格（或保利采购价格）；再分别测算产品保本销售价格（或保利销售价格）。

3. 利润及效益的测算

(1) 利润的计算

$$利润 = 收入 - (固定成本 + 变动成本)$$

$$净利润 = 利润 - 所得税费用$$

(2) 预估利润表

①估算销售量。销售量通常是通过市场调查分析并考虑了相关影响因素得到的。通常需要根据季节、区域特点，估算销售量。

②收入预估。根据产品的销售单价估算出每期收入。也可以根据同行业预估平均单价，然后预估收入。创业项目财务分析中，需要估算至少三年的收入，并预测三年的预算利润表。

③估算各期利润。利用销售量的预估和已产生的生产和营运的成本，估算至少三年利润，并重点说明主要的几项风险。

(3) 预估资产负债表

创业者也应关注项目资产负债表，因为通过资产负债表可以知道资产的预期增长情况。如果缺乏财务预测方面的经验，可以向有关专业人士请教，也可以考虑把具有这种技巧的人士加入到创业团队里来。

（4）现金流量表

现金流量表比资产负债表和利润表更为重要，在阶段性时间节点创业者将会有多少现金是关乎创业项目能否生存的基础数据。第一年按月做一次统计，以后两年至少每季要做一次统计。现金流入流出的时间和数目的详细描述，将决定追加投资的时间及对营运资本的需求。比如自有资金、银行贷款、银行短期信用或者其他，说明哪些项目需要偿还，如何偿还这笔钱。

（5）盈亏平衡点

计算盈亏平衡点，准备盈亏平衡图显示何时将达到平衡点，以及达到平衡点后，将如何逐步地改变。盈亏平衡点是决定是否投资、投资是否有回报的重要因素。

二、如何测算创业所需资金？

良好的资金测算可以在保证创业时获得所必须资金的同时，最大化提高资金使用效率，减少因资金不足对创业活动造成的不利影响。

（1）确定短期创业目标

创业者在创业之初，往往都会有目标远大的战略规划。但创业活动毕竟需要脚踏实地，一步步地把理想变为现实。创业者必须综合分析当前的大形势、行业现状、企业运营情况等，确定创业项目未来一年的短期目标。切实可行的短期目标有助于创业者合理使用有限的资金资源，更好地实现创业蓝图。

（2）由年度创业目标确定企业的成本预算

一般来说，创业者在详尽列举各项开支后，最好使用三步流程来测算。首先，估算一下公司开张所需的一次性成本；然后再制订开业头六个月、甚至是第一年所需的营运预算；最后汇总为创业初期的总支出成本。

（3）通过财务规划评估创业资金需求的经济总量

由销售预测确定生产预算、人力预算、销售预算等成本支出，并由销售预测计算未来的收入，进而做具体的现金流预算。现金流预算对创业企业非常重要，一般来说，企业要预留出盈亏平衡实现之前所需要的基本创业资金；如果对盈亏平衡不好预估，那也得留足6~12个月的资金储备。

（4）将各项预算的执行具体到个人，并制订相应的绩效考核标准

一般创业公司都没有系统的绩效考核体系，其实只需制定一个粗略的奖励机制即可，奖励机制可以粗略但一定要明确。如果考核跟资金使用规划没联系，预算一定会被边缘化。没有绩效考核的预算只是数字游戏，失去了指导意义。

（5）创业资金预算的贯彻执行及修订

预算在具体执行过程中与制订的预算目标有出入、甚至是有很大出入，是正常的，但不能因此说预算没用，甚至放弃预算方案。创业者应首先分析原因，及时做出调整。

第三节 创业融资实务

一、融资前的准备工作

融资前的准备工作有：制订融资计划、选择合适的投资商。

1. 制订融资计划

要制订一个成功的融资计划，必须知道融资途径有哪些以及制订融资战略要考虑哪些因素。

（1）融资途径

创业融资可能是一个耗时耗力的工作。也许企业的历史太短，产品还没有经过市场的检验，也许时运不好，资本市场低迷，投资人只看成熟项目，只肯给很低的估价。所以新创企业家除了考虑股权融资之外，还应该从全局的战略高度考虑各种融资途径。

对于一个有良好信用，经营状况良好的企业，可以向银行、客户、供应商或其他战略伙伴请求帮助。可能的融资手段有：

①银行贷款

②流动资金融资（包括往来账户透支额度、供应商赊货、应收票据贴现和以货易货）

③抵押贷款或抵押赊货

④卖方信贷

⑤债券

⑥租赁

⑦政府补贴（科研基金、环保补贴）

⑧夹层融资

⑨股权融资

（2）融资的战略考虑

企业发展要有战略考虑，而作为企业发展的一个环节，融资也要有战略考虑。

在融资战略的策划和实施过程中,需要认真考虑的问题有:

①在什么时机融资

②所需资金的数量

③股权融资和债权融资的分配

④增资扩股还是设立新公司

⑤向什么样的投资者融资

一般来说,早一些开始融资可以让企业家放下包袱迅速开拓市场,而迟一些融资,等到企业的前景比较明朗时再开始融资就可以在获得同样资金额的同时少出让一些股份。

创业公司应根据企业在不同的发展阶段,对所需资金的数量和资金投入的时机进行分析。分阶段融资即避免融资过少,影响公司战略的实施,又防止融资过量,导致资金过剩,出让股权过多。

如果企业业务单一,专注于投资方投资的项目,可以采取增值扩股的形式融资。如果企业业务方向不止一个,而且业务之间的相关性不强,一般采取设立新公司的方式进行融资比较好一些。

2. 选择合适的投资商

在开始选择投资商之前,新创企业家应该先对资本市场(特别是创业投资资本市场)做充分的调研,对自己的企业进行分析,并据此做好公司内部建设。

(1)考虑内部因素

刚开始时应该先选择不多的几个投资公司向他们递交你的投资建议书。至于选择哪些投资商递交商业计划书,应该先考虑以下几点:

①企业发展所处的阶段和对投资商的要求

②企业所处的行业

③所需的资金量

④企业所处的地域

(2)选择投资伙伴

投资伙伴与新创企业家之间的关系可能是长期的,很多企业家在接受投资后,投资商成为企业的长期咨询顾问,为企业的发展战略和重大经营决策提供重要意见。还有一些企业家在新创企业成功上市或出售后加入了投资公司的团队而成为投资家,因此，融资不单是寻求资金，还要寻求资金之外的价值。

值得指出的是，每一个创业投资公司都会根据其出资人的意愿或者投资管理人的专业背景决定其投资领域、投资阶段以及每一次投资的金额。专注于某一两个领域的投资者一般会为被投资企业带来更多的战略资源，专注于投资早期企业的投资公司可以预计到企业在发展中可能遇到的各种困难，并且可以依据其丰富的经验帮助被投资企业渡过难关。有一些投资公司专注于收购挽救亏损或临近破产的企业，也有的擅长于债务重组和过桥贷款。为了避免浪费时间和精力，你必须选择那些匹配你发展战略的创业投资公司。

（3）做好尽职调查

投资者与新创企业家之间不是一种一次性的买卖关系，而是一种长期的合作关系。双方在签订长期合作协议之前必须充分互相了解。和投资公司在做投资决定前一样，新创企业在选择投资公司前也应该做充分的调查。

投资机构往往会在公司简介中说他们愿意在某某领域投资，并能提供良好服务，但仅凭这些简介是不够的。例如投资机构说他们可以提供管理咨询，那就请他们介绍成功的实例和投资经理本身的管理经验。企业家还应该从各方面打听投资公司的实际情况，特别是向他们曾经投资过的企业询问。这种询问获得的信息往往最为可靠。

二、企业价值评估

孙子兵法云："知己知彼，百战不殆。"如果把融资比作企业发展的战斗，企业价值评估就是"知己"的一个不可缺少的部分。

1. 企业价值的内涵

在企业界，企业价值往往被理解成企业所能创造出的价值，其关注点主要在企业未来的盈利水平。企业通过某种途径，如提高企业的管理水平和应用先进的科学技术以提高企业的生产能力、培训员工以提高员工素质等，可以提高企业现在和将来的获利能力。这样，企业的生产能力、获利能力、企业在市场中的地位以及企业在其所在行业中的影响力等等因素就成为人们衡量企业价值时所需考虑的因素。

在财务管理学中，企业价值通常被表述成企业全部资产的市场价值。财务管理中对企业价值的描述与企业价值评估中对企业价值的描述非常接近，事实上，企业价值评估中现金流量的评估方法所应用的原理就来源于此。一方面，从定量的角度来表述企业价值，有助于更科学、合理地评价企业价值；另一方面，由于这种评估现金流量的方法是以较为准确的预测为前提的，所以现金流量折现法虽然在理论上较为科学合理，但在实际的企业价值评估实务中却有一定的局限性，需要其他评估方法做补充。

2. 企业价值评估的方法

企业价值评估的方法有许多种，本书介绍三种常用的方法：

（1）现金流量折现法

现金流量折现法是评估企业投资或资产收益（即净现金流量），从而评估企业价值的一种方法。其基本原理是，一项资产的价值应等于该资产在未来所产生的全部现金流的现值总和。

根据现金流和折现率的具体含义，可将企业价值评估的思路归结为两种：①将企业的价值等同于股东权益的价值，即对企业的股权资本进行估价；②企业价值包括股东权益、债权、优先股的价值，即评估的是整个企业的价值。相应的，不同的现金流就要对应不同的折现率，否则评估出来的企业价值就不同。

（2）创业投资估值法

对于投资商来说，创业投资是为了将来退出时的资本增值，所以企业价值的计算基础是退出时的价值和投资商的投资回报率。

创业投资估值法的计算步骤：①计算新创企业在将来某一时间投资商准备套现时的净利润；②用预计的投资回报率乘上套现时的净利润计算企业的期终价值；③计算企业的净现值；④计算投资商的股份比率。

（3）未来收益法

应用未来收益估价的原理是把可预测的将来若干年的利润和最后一年的终值进行折现，这样就算出了企业的净现值。这种方法的优点是简单易懂，缺陷是账面利润不等于分红或净现金流量，而且终值的计算也有很大的随意性。

三、开始融资谈判

做好了知己知彼的工作，就要开始进入融资谈判环节，而针对谈判的准备工作和谈判的技巧是不可缺少的。

1. 谈判前的准备

在谈判前要准备好投递项目的介绍资料,并且在面谈前还要复习一下创业计划书并准备好一个电梯演讲。

(1) 投递项目介绍资料

创业者将计划书或计划书摘要发送给几家合适的投资者后,可能在一个星期或一个月内收到反馈,反馈信息可能是:

①拒绝(一般情况下,没有信息往往也意味着拒绝);

②提出简单的问题,获取更详细的信息;

③约时间面谈。

根据投资商的反馈意见,你要么需要修改创业计划书,要么需要加强团队的实力,要么需要做更深入的市场调查并调整经营战略,修正文档。

从投资商看到你的创业计划书到你收到投资商的投资,一般需要一个月到一年的时间,最常见的周期是3~6个月。融资谈判的准备工作做得越充分、越专业,投资的进程就会越快。

(2) 面谈前的准备

如果投资商对你的项目感兴趣,你就要为第一次正式会面做好充分的准备。一定要对准备工作予以充分的重视,见面时才有可能很好地向投资者推销创业计划,打动投资者。

1) 再次熟悉创业计划书。

与投资商接洽之前,再检查一遍创业计划书与项目摘要,尽量做到对创业计划书了然于胸,必要时根据市场的变化和业务进展状况对创业计划书做必要的补充。

2) 准备电梯间演讲。

准备一个30~60秒的电梯间演讲,用最简洁的语言说明市场需求和你的解决方案。

① 准备简短的幻灯片演示。

一个精心准备的幻灯片演示可以帮助你清晰描述口头语言难以描述清楚的内容,引发投资者的好奇心,加深投资者对项目的印象。

② 别忘了带动团队的其他成员。

要保证主要的团队成员都充分了解创业计划书的内容,并能有说服力地陈述其中的思想。

2. 融资谈判技巧

融资谈判虽然不同于外交谈判，但也要求参与者有很高的素质。一是熟悉政策法规，二是要了解投资环境，三是要清楚项目状况，四是要具备谈判所需要的策略与艺术。因此，谈判无论规模大小、层次高低，参与者都要严肃认真对待，绝不能草率从事。

（1）确定谈判原则

1）有备而谈的原则。凡事预则立，不预则废。融资谈判也是如此，事先要做好充分准备。一是谈判人员的组成，谁主谈、谁配合、谁翻译、谁做顾问，事先要有明确的分工和职责；二是方案准备，包括政策法规、投资环境概况、项目的具体情况、合作条件；三是合同、协约文本及相关资料文件的准备；四是承诺与保证措施。有备无患，才会赢得谈判的主动权，达到预期的效果。

2）利益原则。融资合作的目的是促进企业发展，所以，必须根据实际计算核定合理的利益标准。

3）平等对等原则。投资者可能是不同国度、地区、制度、体制背景下的人，意识形态有差别，贫富有差距，作为创业者，对谈判要不卑不亢，进退自如，有礼有节。

4）政策策略原则。融资不是乞讨、求人，与投资者打交道也不仅仅是资金技术问题，所以，不仅要讲政策，还要讲策略。在谈判中，谈判的策略是原则性和灵活性相统一的表现。事先要筹谋，遇事要随机应变，注意方式、方法，做到有礼、有理、有节，这才是谈判的最高水准。

（2）选择引入时机

很多企业都急于寻找战略投资者，急于向投资者推销自己的项目和创业计划，但如何选择时机，要注意以下几点。

1）政策利益出现，即新出台的政策给企业带来重大商机，比如：①医疗垃圾集中处理政策；②国家鼓励节能的小排量汽车；③国家鼓励农业产业化龙头企业的发展；④国家鼓励企业信息化水平的提高等。

2）企业获得重大订单。在资金市场上，上市公司经常会发布获得政府采购或中标消息，这会对股价有一定的刺激作用。同样对于新企业，获得订单对未来现金流和引资等都比较有利。

3）企业获得专利证书或重要不动产的产权证。

4）融资资料已经齐备。在融资资料主要是融资计划书准备完善以后，才是与资金方接触的良机。

(3) 维护企业的利益

1）保护商业秘密。在企业提供创业计划书和沟通的过程中，肯定会涉及企业的商业计划、市场、技术和策略等。这主要取决于企业对计划书资料分寸的把握及对投资者身份的判断，也可以用保密协议等方式来制约。

2）事先确定融资方式与策略，有备则无患，这样可以避免在谈判过程中没有准备，仓促决策。

3）合理确定无形资产价值。很多中小企业，尤其是技术密集型企业，在引资过程中会面临这一问题，这主要取决于企业和投资者的协商定价能力。

4）请外部专家提供支持。企业一般重视实物投资的价值，对智力和外脑的价值不太重视，这是很多中小企业应该改善的地方。

四、投资条款清单与投资合同

谈判准备工作和谈判技巧固然重要，但熟悉投资条款清单和投资合同更有助于融资者达到事半功倍的效果，在很多时候还决定了整个融资的成败。

1. 投资条款清单

(1) 什么是投资条款清单

投资条款清单就是投资公司与新创企业就未来的投资交易所达成的原则性约定。投资条款清单中除约定投资者对被投资企业的估值和计划投资金额外，还包括被投资企业应负的主要义务和投资者要求得到的主要权利，以及投资交易达成的前提条件等内容。投资者与被投资企业之间未来签订的正式投资协议中将包含投资条款清单中的主要条款。

(2) 投资条款清单的重要性

投资公司在递交条款清单之前就已经与新创企业进行了一些磋商，对企业的作价和投资方式有了基本的认识。条款清单的谈判是在这一基础上的细节谈判，新创企业在签署了条款清单后，就意味着双方就投资合同的主要条款已经达成一致意见。虽然这并不意味着双方最后一定能达成投资协议，但只有对条款清单中约定的条件达成一致意向，投资交易才能继续执行并最终完成。目前也有很多国内的投资公司不签署投资条款清单,直接开始尽职调查和合同谈判。

只有投资公司对尽职调查的结果满意,同时被投资企业自签署投资条款清单之日起至投资交易正式执行的期间内未发生保证条款中规定的重大变化,投资公司才会与新创企业签订正式的投资协议,并投入资金。据统计,大约有1/4~1/3签了投资条款清单的项目最后成功达成投资协议。

从理论上讲,投资条款清单并没有法律约束力,但一般双方从信誉角度上考虑都会遵守诺言。因此,虽然正式签订的投资协议中将就这些条款清单做了进一步的细化,但不要指望有些条款可以在稍后的合同谈判中重新议定。

(3)投资条款清单的内容

投资条款清单里最主要的三个方面的内容是:

1)投资额、作价和投资工具

2)公司治理结构

3)清算和退出方法

一份典型的投资条款清单的内容包括:

1)投资金额、(充分稀释后的)股份作价、股权形式

2)达到一定目标后(如IPO)投资公司的增持购股权

3)投资的前提条件

4)预计尽职调查和财务审计所需的时间

5)优先股的分红比例

6)与业绩挂钩的奖励或惩罚条款

7)清算优先办法

8)优先股转换为普通股的办法和转换比率

9)反稀释条款和棘轮条款(棘轮条款的主要意思是:如果以前的投资者收到的免费股票足以把他的每股平均成本摊低到新投资者支付的价格,他的反稀释权利叫作"棘轮"。)

10)优先认股、受让(或出让)权

11)回购保证及作价

12)被投资公司对投资公司赔偿保证

13)董事会席位和投票权

14）保护性条款或一票否决权，范围包括：

①改变优先股的权益

②优先股股数的增减

③新一轮融资增发股票

④公司回购普通股

⑤公司章程修改

⑥公司债务的增加

⑦分红计划

⑧公司并购重组、出让控股权和出售公司全部或大部分资产

⑨董事会席位变化

⑩增发普通股

15）期权计划

16）知情权，主要是经营报告和预算报告

17）公司股票上市后以上条款的适用性

18）律师和审计费用的分担办法

19）保密责任

20）适用法律

由于每个投资者的要求不同，每个被投资对象的具体情况不同，投资条款清单的内容也会不同。

2. 投资合同与资金到位

在签署投资条款清单以及必要的尽职调查和财务审计之后，如果一切顺利，投资公司将按照资本市场操作的标准和前述的条款清单准备有关文件。这些文件通常包括投资协议书、股东协议书和被投资公司关键人员的雇佣合同。这些合同和协议书的准备与谈判可能很花时间，但这是整个融资过程中最后的重要一步，对有关各方最终达成各自的期望和目标非常关键。

（1）有哪些法律文件

最后达成协议需要参与各方签署一系列的协议，投资交易中产生的相关合同文件包括：

1）投资协议书

2）股东协议

3）债权协议

4）知识产权协议

5）新的公司章程（特别是对应于投资结构和认股协议中的限制条款所做的修订）

6）高层管理人员的服务协议与不竞争协议

7）其他附属协议

（2）投资协议书的内容

投资协议书的主要内容包括：

1）投资额

2）投资结构

3）价值评估

4）条款与条件

①项目股权分配与投资额

②投资工具的类型和构成

③风险资本到位的时间安排与检查标准

④投资期限、转让权、偿付协议与投资退出

⑤被投资企业治理结构安排，包括管理工资与福利、董事会席位安排、重大决策权与表决权分配以及管理层雇佣条款

⑥管理层的声明和保证，即企业家需要为商业计划中包含的财务数据提供证据

⑦肯定盟约与否定盟约

⑧能够有效地获得经营管理记录的途径

- 与企业职员交流，获得有关经营管理记录

- 向股东提交的财务报表

- 了解公司的年度预算和有关投资项目的预算及可行性报告

- 了解财产存续与保全情况，参与决策

- 参与公司董事会

⑨公司应购买财产保险

⑩有关债务偿付原则与税款支付条款

⑪股东遵守有关约定与协议

⑫有关诉讼与其他公告应及时知会股东

⑬有明晰的知识产权及相应的保护条款

⑭资金使用及审批程序明确

⑮执行国家有关会计制度

5）董事会成员

上述法律文件必须请熟悉投资业务的律师仔细斟酌。

（3）投资资金到位

关于投资资金的到位，应注意以下两点。

1）如果投资商要求资金分期到位，最好不要答应，因为货币的时间价值使得今天的一块钱与一年后的一块钱价值不相等，而不同时期企业的作价也是不一样的。

2）在钱没有到账之前绝不能放松融资的努力，并不是没有投资商在最后关头反悔的先例。

资金到账后，需要马上进行一系列的工商注册变更与公证手续。接着还有更多的业务开拓工作等着你去做，投资商在等着企业发展和赢利的消息，请记住现在企业已经不完全是你们自己的企业了。

活动 "中国合伙人"模拟创业融资

创业者希望能尽快找到情投意合的投资人，让自己的项目走得更快更远；投资人则希望找到优质项目助其发展，共赢未来。那么，投融界主办模拟融资微路演活动恰巧能够帮助创投双方。

因此，请各个小组分角色扮演创业者与投资人角色进行项目微路演活动。

通过创业融资的学习，我们知道借助资本市场，实施资本运作，促进企业持续健康有效发展。我们要坚持科学发展观，学会借助资本市场的丰富资源，科学经营现有企业，抓住适合公司发展的新机遇，壮大主营业务，拓展科技创新、环保节能项目，努力创造条件，积极推进公司的上市步伐，为企业经济持续发展做出贡献。

第七章　新企业的机会识别与风险评估

Chapter Seven

学习目标与任务

1. 了解创业机会的概念与特征,学会识别创业机会。
2. 能够识别常见的创业风险,并能够正确评估创业者的风险承担能力。

大学生种西瓜一年获利 60 万元

"没想到仅仅一年多,我们的基地就发展得这么顺利!如果不是政府的鼓励,也许现在还没有动起来!"来到大学生张勇的西瓜基地,一个接一个的大棚排列得整整齐齐,瓜藤上滚圆的西瓜已经所剩无几了。"我们的基地全部采用高科技大棚和膜下滴灌等技术,品种也是市场最新、最缺的,所以一上市就供不应求。"张勇说。其实几年前,他和另外几名大学生就有了创业的念头,可想了很久却一直没"下手",因为成本太高,自己又没真正做过。直到2008年,张勇所在的县在全省率先设立了"大学生创业基金",每年从财政预算中安排100万元,专款用于大学生创业扶持,这才使他们下定了决心。

2008年10月,张勇通过"项目申报绿色通道"向县人事局递交了报告,申请大学生创业基金。10天后,张勇不但顺利拿到了15万元的三年期无息创业基金,成为"大学生创业基金"扶持的第一人,还得到了一份专家审核组的意见。"15万元虽然不能完全解决问题,但最重要的是精神支持,连政府都相信我们能赚钱,我们还有什么理由不好好干呢?"

除了资金支持,对于刚刚走出校门的大学生来说,"一张白纸"的创业经验也是巨大的瓶颈。于是该县人事、劳动部门先后组织了张勇等数批有创业意愿的大学生参加了SIYB创业培训,到成熟的创业基地"取经"学习,同时还派出专家组指导。2009年,总投资75万元的西瓜种植基地开始育苗,三位大学生的创业梦想也开始在这块

200 亩的土地上播种发芽。当年 5 月，第一批西瓜上市；待全年 3 批西瓜全部销售完毕，共实现利润 60 万元左右。

创业箴言

> 失败只是其中的一个环节。如果一帆风顺，那就说明还不够创新。
>
> ——埃隆·马斯克

第一节 创业机会识别

一、创业机会的定义与特征

1. 定义

创业机会主要是指具有较强吸引力的、较为持久的有利于创业的商业机会，创业者据此可以为客户提供有价值的产品或服务，并同时使创业者自身获益。

2. 特征

（1）普遍性

凡是有市场、有经营的地方，客观上就存在着创业机会。创业机会普遍存在于各种经营活动过程之中。

（2）偶然性

对一个企业来说，创业机会的发现和捕捉带有很大的不确定性，任何创业机会的产生都有"意外"因素。

（3）消逝性

创业机会存在于一定的时空范围之内，随着产生创业机会的客观条件发生变化，创业机会也会相应地消逝和流失。

二、创业机会的来源

1. 问题的存在

创业的根本目的是满足顾客需求。寻找创业机会的一个重要途径是善于去发现和体会自己和他人在需求方面的问题或生活中的难处。例如，上海有一位大学毕业生发现远在郊区的本校师生往返市区交通十分不便，于是创办了一家客运公司，这就是把问题转化为创业机会的成功案例。

2. 不断变化的环境

变化是创业机会的重要来源，人们通过这些变化，常常会发现新的创业机会。

创业机会大多产生于不断变化的市场环境。环境变化了，市场需求、市场结构必然发生变化，这就会给各行各业带来商机。美国管理学大师彼得·德鲁克将创业者定义为"能寻找变化并积极反应，把它当作机会充分利用起来的人"。这种变化主要来自于产业结构的变动、消费结构升级、城市化加速、人们思想观念的变化、政府政策的变化、人口结构的变化、居民收入水平提高、全球化趋势等诸方面。如居民收入水平提高，私人轿车的拥有量将不断增加，这就会派生出汽车销售、修理、配件、清洁、装潢、二手车交易、陪驾等诸多创业机会。

3. 创造发明

创造发明提供了新产品、新服务，能更好地满足顾客需求，同时也带来了创业机会。在人类发展史上，每次重大的发明创造都引起了产业结构的重大变革，产生了无数的创业机会。例如，随着计算机的诞生，计算机维修、软件开发、计算机操作的培训、图文制作、信息服务、网上开店等创业机会随之而来，即使你不发明新的东西，也能成为销售和推广新产品的人，从而给你带来商机。

4. 竞争

如果你能弥补竞争对手的缺陷和不足，这也将成为创业机会。相比周围的公司，你能提供更快、更可靠、更便宜的产品或服务吗？你能做得更好吗？若能，你也许就找到了机会。

5. 新知识、新技术的产生

新知识可以改变人们的消费观念，新技术可以进一步满足人们的需求，甚至使人们产生新的需求，进而引导消费。例如，当生产微型计算机的技术形成后，中国的企业也获得了生产与维护计算机的创业机会，联想等企业就抓住了这个机会。

三、影响创业机会识别的因素

1. 先前经验

在特定产业中的先前经验有助于创业者识别机会。有调查发现，70%左右的创业机会，其实是在复制或修改以前的想法或创意，而不是全新创业机会的发现。

2. 专业知识

拥有在某个领域更多专业知识的人，会比其他人对该领域内的机会更具警觉性与敏感性。例如，一位计算机工程师，就比一位律师对计算机产业内的机会和需求更为警觉与敏感。

3. 社会关系网络

个人社会关系网络的深度和广度影响着机会识别，这已是不争的事实。通常情况下建立了大量社会关系网络的人，会比那些拥有少量关系网络的人容易得到更多的机会。

4. 创造性

从某种程度上讲，机会识别实际上是一个创造过程，是不断反复的创造性思维过程。在许多产品、服务和业务的形成过程中，甚至在许多有趣的商业传奇故事中，我们都能看到有关创造性思维的影子。

5. 创业环境是机会识别的关键

创业环境是创业过程中多种因素的组合，包括政府政策、社会经济条件、创业和管理技能、创业资金和非资金支持等方面。一般来说，如果社会对创业失败比较宽容，有浓厚的创业氛围；政府有各种渠道的金融支持和完善的创业服务体系；产业有公平、公正的竞争环境，那就会鼓励更多的人创业。

四、创业机会的识别和开发过程

创业机会的识别和开发过程，与产品研究和开发过程很相似，不过产品研究和开发过程的结果是新产品，而成功的机会开发过程的结果是新企业的创立。如图7-1所示，机会开发过程包括机会识别、评价和开发，机会评价贯穿于整个创业机会的识别和开发过程。

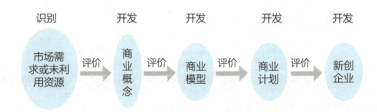

图7-1　创业机会的识别和开发过程

五、创业机会的评价

创业机会的评价决定了正在开发的机会是否能得到物力、财力，是否能进入下一阶段的发展。在整个创业机会开发的过程中，对机会进行评价的人主要是创业者和创业团队，以及投资人。

在开发过程的不同阶段，创业者可能会对这一机会做出多次评价，这些评价会使创业者识别出其他的新机会或调整其最初的看法。尽管这种评价可能是非正式的，甚至是不系统的。

一般来说，那些决定资源分配的人，比如投资人，会对创业者的创业计划，包括创业机会，进行全面评价，并进行尽职调查。

第二节 创业风险评估

一、创业风险的定义、特征与分类

(一) 创业风险的定义

创业风险来自与创业活动有关因素的不确定性。在创业过程中,创业者要投入大量的人力、物力和财力,要引入和采用各种新的生产要素与市场资源,要建立或者对现有的组织结构、管理体制、业务流程、工作方法进行变革。这一过程中必然会遇到各种意想不到的情况和各种困难,从而有可能使结果偏离创业的预期目标。

(二) 创业风险的特征

虽然不同的创业项目所存在的风险不尽相同,但是创业风险有一些共同的特征。

1. 客观存在性

创业风险不以人的意志为转移。在创业过程中,由于内外部事物发展的不确定性是客观存在的,所以创业风险也是客观存在的。创业者承认和正视创业风险,通过各种技术、管理手段减少损失,积极对待创业风险。

2. 不确定性

创业往往是将奇思妙想、先进技术转化为现实产品或服务的过程,在这个转化过程中,创业者将会面临市场需求的变化、竞争对手的排斥、内部管理的不稳定性等各种不确定性的风险。

3. 可预测性

某些创业风险可以通过历史统计资料,运用一定的定性或定量方法来预测其发生的概率以及可能造成的不利影响。但这种预测的结果往往受创业风险的不确定性的影响而与实际的预测结果存在偏差。

4. 可控制性

创业风险虽然存在于创业的各个阶段或环节，但是利用科学的管理方法、管理流程、管理技术，可以有效规避、减缓风险造成的不利影响。

5. 关联性

创业风险与创业行为及决策紧密相关，同一风险事件对于不同的创业者产生的影响是不同的，而同一创业者由于决策或策略选用不同，也会产生不同的结果。

（三）创业风险的分类

创业风险的分类与内容，见表7-1。

表7-1 创业风险的分类与内容

分类标准	风险分类					
按风险来源的主客观性划分	主观风险	客观风险				
按创业过程划分	机会的识别和评估风险	准备和计划风险	获取经营资源风险	经营管理风险		
按经营技术和市场的关系划分	改良型风险	杠杆型风险	跨越型风险	激进型风险		
按风险对投资资金的影响划分	安全性风险	收益性风险	流动性风险			
按风险的内容划分	技术风险	管理风险	市场风险	生产风险	经济风险	政治风险

1. 从风险来源的主客观性看，可以把创业风险分为主观创业风险和客观创业风险。

（1）主观风险　这是由人们心理意识确定的风险。

（2）客观风险　这是"主观危险"的对称。不以人们意志为转移的实际发生的危险，如自然灾害、意外事故等。通常可用大数法则计算其发生的概率；但从统计角度来分析，实际危险发生频率与预期危险发生频率之间存在着差异，实际损失与预期损失的差异程度为客观危险。

2. 从创业过程来看，可以把创业风险分为机会的识别和评估风险、准备和计划风险、获取经营资源风险、经营管理风险。

（1）机会的识别和评估风险　这是指在机会的识别与评估过程中，使创业一开始就面临方向错误的风险。

（2）准备和计划风险　这是指创业计划将对具体的创业产生影响是否合适。

（3）获取经营资源风险　这是指无法获取所需的关键资源，或获得的成本较高，从而为创业带来风险。

（4）经营管理风险　这包括管理方式，企业文化的选取与创建，发展战略和制订、组织、技术、营销等的风险。

3. 以经营技术和市场的关系，可以把创业风险分为改良型风险、杠杆型风险、跨越型风险和激进型风险。

（1）改良型风险　这是指利用现有的市场、现有的技术进行创业所存在的风险，回报有限。

（2）杠杆型风险　这是指利用新的市场、现有的技术进行创业存在的风险，常见于挖掘未开辟的市场。

（3）跨越型风险　这是指利用现有市场、新的技术进行创业存在的风险，主要体现在创新技术的应用方面，常见于企业的二次创业。

（4）激进型风险　这是指利用新的市场、新的技术进行创业存在的风险，优势在于竞争风险较低，但产权保护力弱，市场需求不确定。

4. 从风险对投资资金的影响，可以把创业风险分为安全性风险、收益性风险和流动性风险。

（1）安全性风险　这是指从创业投资的安全角度看，不仅实际收益有损失的可能性，而且专业投资者与创业者自身投入的其他财产也有损失的可能，即投资者的财产安全存在损失的可能性。

（2）收益性风险　这是指在创业过程中投资者的资本和其他财产不会蒙受损失，但预期收益会有损失的可能性。

（3）流动性风险　这是指在创业过程中投资者的资本、其他财产及预期收益不会蒙受损失，但是有可能资金不能按时转移或支付，由此造成资金运营的停滞，使投资方蒙受损失的可能性。

5. 从风险的内容看，可以把创业风险分为技术风险、市场风险、政治风险、管理风险、生产风险、经济风险。

（1）技术风险　这是指由于技术不成熟等方面的原因或其他变化的不确定性而导

致创业失败的可能性。

（2）管理风险　这是指创业企业由于管理不善而产生损失的可能性。

（3）市场风险　这是指由于市场环境的不确定性导致创业者创业失败或创业企业损失的可能性。

（4）生产风险　这是指创业企业提供的产品或服务因从小批试制到大批生产的转变而产生损失的可能性。

（5）经济风险　这是指宏观经济环境发生大幅度波动或调整给创业者或创业企业带来损失的可能性。

（6）政治风险　这又被称为国家风险，指由于政治原因导致创业者创业失败或创业蒙受损失的可能性，比如战争、国际关系变化、政策改变等带来的风险。

二、创业者风险承担能力的估计

创业者风险承担能力的估计如图7-2所示。

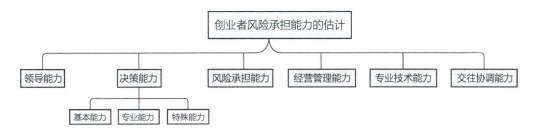

图7-2　创业者风险承担能力的估计

1. 领导能力

领导能力指在管辖的范围内充分地利用人力和客观条件，以最小的成本办成所需的事，提高整个团队的办事效率的能力。

2. 决策能力

决策能力是决策者所具有的参与决策活动、进行方案选择的技能和本领。决策能力是一个多层面的能力体系，它主要包括三类。

（1）基本能力

基本能力是进行决策活动应具备的起码的技能和本领，人的正常体力、学习能力、思维能力、认识能力、语言表达能力就属于这一类。

(2) 专业能力

专业能力是使决策工作能达到预定目的、取得一定成效而需要的技能和本领，决断能力、分析能力、综合能力、判断能力、组织能力、指挥能力、控制能力、自检能力就属于这一类。

(3) 特殊能力

特殊能力是使决策具有创造性、产生极大成效所需要的不同寻常的技能和本领，优秀的逻辑判断能力、创新能力、优化能力、灵活应变能力、人际交往能力就属于这一类。

3. 风险承担能力

风险承担能力就是个人或是企业、组织所能够承受的最大风险的能力。风险承担能力要综合衡量，与个人能力、家庭情况、工作情况、收入情况等等息息相关。比如拥有同样资产的两个人，一个是独自一人，一个却有儿女与父母要养，那两者的风险承受能力则相差很多。

4. 经营管理能力

经营管理能力是指创业者对人员、资金的管理能力，它既涉及人员的选择、使用、组合和优化；也涉及资金的聚集、核算、分配、使用、流动。经营管理能力是种较高层次的综合能力，是运筹性能力。经营管理能力的形成要从学会经营、学会管理、学会用人、学会理财等四个方面去努力。

5. 专业技术能力

专业技术能力是创业者掌握和运用专业知识进行专业生产的能力。它的形成具有很强的实践性，许多专业知识和专业技巧要在实践中探索，才能逐步提高、发展、完善。创业者要注重积累专业技术方面的经验，还要进行职业技能的训练。在实践中将培训过的知识和经验提高、拓宽；对创业培训没有介绍过的知识和经验要注重探索，在探索的过程中要详细记录、认真分析，进行总结、归纳，上升为理论，形成自己独特的经验，进而形成自己的专业技能体系。

6. 交往协调能力

交往协调能力主要指能够妥善地处理与公众（政府部门、新闻媒体、客户等）之间的关系。创业不是在一个封闭的空间里生产商品或服务，而是要与各种各样的人打交道。因此，创业者应该做到妥当地处理与外界的关系，尤其要争取得到政府部门、工商及税务部门的理解与支持。同时要本着求同存异、共同发展的原则，团结一切可以团结的人和力量，以达到双赢。总之，创业者处理好人际关系，有助于建立一个有利于自己创业的和谐环境，为成功创业打好基础。

创业风险不能忽视

大学最后一学期，迎接大学生小黄的是一场接一场的招聘会和一次又一次的失望而归。"我们不停地奔波于各种招聘会，在海量的招聘信息里想要找到一个适合自己的企业却很难。"在与企业的接触中，小黄了解到企业也存在类似的烦恼。因为缺乏对学生的了解，企业仅通过一次招聘会或一次简单的面试签订用人协议，事后却发现招聘来的员工并不适合这份工作，为此浪费了大量人力物力。于是，他萌发出一个想法——办一个大学生求职网站。

小黄介绍说，在网站中，他将为企业和大学生搭建起一个长期稳定的接触平台，只要大学生和企业登录注册，双方就可以通过这个平台相互了解，企业甚至可以跟踪大学生在校期间的各方面表现，决定毕业时是否录用。

接下来的几个月，小黄开始了广泛的市场调研。他访问了20多家企业，与人力资源管理部门负责人沟通了这一想法，网站的特色服务内容得到70%的受访者的肯定。"我会用两到三年的时间向外界推广网站，吸纳大学生和企业登录，并向企业收取一部分会员费。三年后，点击量有了一定提升，广告将成为网站盈利的又一渠道。未来，在继续完善网站服务内容的基础上，推出一系列连带产品，我相信这会有更大的发展前景。"实际上，小黄已明确了网站的盈利模式。至于网站的长远规划，小黄表示他已制订了相应的计划。

尽管制订了创业计划、确立了盈利模式、进行了市场调研，也得到了父母兄长的资金支持，但小黄却忽视了创业最为关键的因素之一——组建得力的团队。

"刚开始我以为这不是问题，懂程序的人多，肯定能吸引到这样的人。"直到制订创业计划的后期，小黄才向身边好友发布信息，结果只找到一个做网站的高中好友。"人太少了，编好这个网站的程序至少要两年。"小黄说，目前高校内具备这方面技术的人太少，而有丰富经验和能力的人却不愿意放弃工作跟他一起创业，好比没有左膀右臂，小黄孤军奋战的结果只能是退下阵来。

"合理的创业方案、资金和团队是创业的三大要素,缺一不可,之前我却没有认识到这一点。"小黄感到有些后悔。他说,如果当初有人能给他指导和提醒,或许就不会出现这样的错误。

小黄不得不暂时放下了自己的创业计划,开始忙于找工作。"等有了几年工作经验,我还会继续完成创业梦想。这几年,我会构建自己的生活圈,寻找创业的最佳团队。"

1. 从上述案例中,你认为大学生创业存在哪些风险?
2. 你认为大学生进行创业时要如何规避风险?

学习反思

创业固然艰难,存在很大的风险,但是风险与回报是相伴相随的,这是每一位创业者都应该铭记的一个定律。我们在充满创业激情、憧憬创业所带来的巨大价值的同时,一定要冷静地面对创业可能存在的各种风险与弊端。

第八章　新企业的成立和管理

学习目标与任务

1. 了解企业的组织形式及各自的优势、劣势。
2. 掌握新企业成立和管理的流程与方法。

2018年5月，甲、乙拟共同投资设立泉井饮品有限责任公司，并就公司的基本问题达成一致意见，遂签订出资协议。协议的主要内容是：甲投资35万元，乙投资45万元；出资各方按投资比例分享利润、分担风险；公司筹备具体事宜及办理注册登记由甲负责。随后，乙将投资款45万元交付给甲，甲即开始办理公司设立登记的有关事宜，并产生了部分费用。但乙在同年7月，以饮品市场利润率低为由通知甲暂缓公司的注册登记。同年8月，乙要求甲退回投资款45万元。甲认为，双方签订了协议，缴纳了出资，制定了章程，并产生了部分费用，即使未办理登记手续，只是形式方面有欠缺，事实上已经具备公司成立的基本条件。而且，双方所订协议是合法有效的，乙要求退还投资款，属于违约行为。所以甲主张双方应继续履行出资协议，由甲尽快办妥注册登记手续。

创业箴言

创业前，很多困难你都不会把它认为是困难，当它突然成为你的困难时，很多人会承受不了压力，就放弃了，这样的人是一定不能成功的。

——史玉柱

第一节 怎样成立新企业

一、企业组织形式的选择

一家新创企业可以选择的组织形式有多种，主要有：个人独资企业、合伙企业、有限责任公司（包括一人有限责任公司）和股份有限公司。

（一）个人独资企业

《中华人民共和国个人独资企业法》规定，个人独资企业是指由一个自然人投资，财产为投资人个人所有，投资人以其个人财产对企业债务承担无限责任的经营实体。

1. 个人独资企业的设立条件

设立个人独资企业应当具备下列条件：①投资人为一个自然人；②有合法的企业名称；③有投资人申报的出资；④有固定的生产经营场所和必要的生产经营条件；⑤有必要的从业人员。

2. 个人独资企业的设立程序

申请设立个人独资企业，应当由投资人或其委托的代理人向个人独资企业所在地的登记机关提交设立申请书、投资人身份证明、生产经营场所使用证明等文件。委托代理人申请设立登记时，需要出具投资人的委托书和代理人的合法证明。

申请设立个人独资企业，设立申请书应当载明下列事项：①企业的名称和住所。企业的名称应与其责任形式及从事的营业相符合。②投资人的姓名和居所。③投资人的出资额和出资方式。④经营范围。

登记机关收到设立申请文件之日起 15 日以内，对符合规定条件的，予以登记并发给营业执照，营业执照的签发日期为个人独资企业成立日期。

3. 个人独资企业的优势

（1）企业的设立、转让和解散等行为手续简便，仅需向登记机关登记即可。

（2）企业主独自经营，制约因素少，灵活性强，能迅速应对市场变化。

（3）利润归企业主所有，无须与他人分享。

（4）在技术和经营方面易于保密。

4. 个人独资企业的劣势

（1）当个人独资企业财产不足以清偿债务时，企业承担无限责任，投资人以其个人的其他财产予以清偿，因而带有相当大的风险，举债要十分谨慎。

（2）个人独资企业不易从外部获得信用资金，如果企业主资本有限，企业的规模难以扩大。

（3）当所有者生病或失去工作能力，或决定退休，此时若没有家庭成员、亲朋好友愿意并且有能力经营企业，这个企业就将终结。

创业者若希望新企业长大并获取巨大的财务成功，个人独资企业通常不是合适的选择。

（二）合伙企业

《中华人民共和国合伙企业法》规定，合伙企业是指由合伙人订立合伙协议，共同出资、合伙经营、共享收益、共担风险，并对合伙企业债务承担无限连带责任的营利性组织。

1. 合伙企业的特征

（1）由各合伙人组成。一个合伙企业至少由两个以上的合伙人组成。

（2）以书面合伙协议为法律基础。合伙协议是合伙人建立合伙关系，确定合伙人各自权利和义务，使合伙企业得以设立的前提，也是合伙企业的基础。没有合伙协议，合伙企业便不能成立。

（3）内部关系属于合伙关系。所谓合伙关系，就是共同出资、合伙经营、共享收益、共担风险的关系。

（4）合伙人对合伙企业的债务承担无限连带责任。

2. 合伙企业的设立条件

设立合伙企业，必须具备下列条件：

（1）有两个以上合伙人。一个人成立的就不是合伙企业，必须是两个以上的合伙人,并且都是依法承担无限连带责任者,合伙人必须具有完全民事行为能力。

(2) 有书面合伙协议。合伙协议由全体合伙人通过协商,共同决定相互间的权利和义务,达成具有法律约束力的文件。

(3) 有各合伙人实际缴付的出资。合伙协议生效后,合伙人应当按照合伙协议约定的出资方式、数额和期限履行出资义务。合伙人必须用自己的合法财产及财产权利出资,可以用货币、实物、知识产权、土地使用权或者其他财产权利出资。经全体合伙人协商一致,合伙人也可以用劳务出资。对货币以外的出资需要进行评估作价的,可以由全体合伙人协商确定,也可以由全体合伙人委托法定评估机构进行评估,其评估方法由全体合伙人协商确定。各合伙人按照合伙协议实际缴付的出资,为对合伙企业的出资。

(4) 有合伙企业的名称。合伙企业的名称中不得使用"有限"或"有限责任"字样。

(5) 有经营场所和从事合伙经营的必要条件。

3. 合伙企业的设立程序

申请设立合伙企业,应当向企业登记机关提交下列文件:(1) 全体合伙人签署的设立登记申请书;(2) 全体合伙人的身份证明;(3) 全体合伙人指定的代表或者共同委托的代理人的委托书;(4) 合伙人的书面合伙协议;(5) 出资权属证明;(6) 经营场所证明;(7) 国务院工商行政管理部门规定提交的其他有关批准文件;(8) 法律、行政法规规定设立合伙企业须报经有关部门审批的,应当在申请设立登记时提交批准文件。

营业执照的签发之日,为合伙企业成立日期。合伙企业领取营业执照前,合伙人不得以合伙企业名义从事经营活动。

4. 合伙企业的优势

(1) 建立合伙制企业比较容易且费用低。由于出资的增加,扩大了资本来源和企业融资能力。

(2) 合伙制企业具有高度的灵活性。由于合伙人具有不同的专长和经验,能够发挥团队优势,各尽所能;如果合伙人拥有互补性的知识和技能,则将大大增强企业经营的成功率;合伙人能够以他们选择的任何方式决定其利润和责任的划分。

(3) 由于资本实力和管理能力的提高,企业的经营规模可能扩大。

5. 合伙企业的劣势

（1）在合伙企业存续期间，如果某一合伙人有意向合伙人以外的人转让其在合伙企业中的全部或部分财产份额时，必须征得其他合伙人的一致同意。

（2）当合伙企业以其财产清偿合伙企业债务时，其不足部分，由各合伙人用个人财产承担无限连带责任。

（3）合伙企业的融资能力仍然有限。

（三）有限责任公司

《中华人民共和国公司法》规定，有限责任公司是指由 50 人以下的股东共同出资，每个股东以其所认缴的出资额为限对公司承担责任，公司以其全部资产对其债务承担责任的企业法人。有限责任公司是一种比较普遍的企业法律形式。

1. 有限责任公司的特征

（1）股东责任的有限性

有限责任公司的股东对公司所负责任，仅以认缴的出资额为限，对公司的债务不负直接责任。如果公司的财产不足以清偿全部债务，股东不需要以超过自己出资以外的个人财产为公司清偿债务。

（2）股东人数的限制性

有限责任公司的股东人数为 50 人以下。

（3）有限责任公司是企业法人

个体工商户不是企业，不具备法人资格；个人独资企业和合伙企业虽然属于企业，但也不具备法人资格，不是企业法人；而有限责任公司具备企业法人资格。

2. 有限责任公司的设立条件

（1）股东符合法定人数，即由 50 人以下股东共同出资设立。股东可以是自然人，也可以是法人。一个自然人或法人也可以设立一人有限责任公司。

（2）有符合公司章程规定的全体股东认缴的出资额。有限责任公司的注册资本为在公司登记机关登记的全体股东认缴的出资额。法律、行政法规以及国务院决定对有限责任公司注册资本实缴、注册资本最低限额另有规定的，从其规定。

股东的出资方式可以是货币，也可以是实物、工业产权、非专利技术、土地使用权。股东对以实物、工业产权、非专利技术或者土地使用权出资的，必须进行评估作价，核实财产，不得高估或者低估作价。

有限责任公司成立后发现作为出资的实物、工业产权、非专利技术、土地使用权的实际价额明显低于公司章程所定价额的，应当由交付该出资的股东补交其差额，公司设立时的其他股东对其承担连带责任。

（3）股东共同制定公司章程。有限责任公司章程由股东共同制定，所有股东在章程上签名、盖章。公司章程应当载明下列事项：

①公司名称和住所；

②公司经营范围；

③公司注册资本；

④股东的姓名或者名称；

⑤股东的权利和义务；

⑥股东的出资方式和出资额；

⑦股东转让出资的条件；

⑧公司的机构及其产生办法、职权、议事规则；

⑨公司的法定代表人；

⑩公司的解散事由与清算办法；

⑪股东认为需要规定的其他事项。

（4）有公司名称，建立符合有限责任公司要求的组织机构（公司名称需向工商行政管理机关申请预先登记）。有限责任公司在设定自己的名称时，必须在公司名称中标明"有限责任公司"或者"有限公司"字样。有限责任公司的组织机构由股东会、董事会（执行董事）、监事会（监事）组成。公司法定代表人依照公司章程的规定，由董事会、执行董事或者经理担任，并依法登记。公司法定代表人变更，应当办理变更登记。

（5）有公司住所、固定的生产经营场所和必要的生产经营条件。

3. 一人有限责任公司的特别规定

（1）一人有限责任公司是指只有一个自然人股东或者一个法人股东的有限责任公司。一人有限责任公司应当在公司登记中注明自然人独资或者法人独资，并在公司营业执照中载明。一人有限责任公司《公司章程》由股东制定。一人有限责任公司不设股东会。

（2）取消一人有限责任公司的注册资本最低限额为人民币 10 万元的规定。

（3）一个自然人只能投资设立一个一人有限责任公司。该一人有限责任公司不能投资设立新的一人有限责任公司。

（4）一人有限责任公司的股东不能证明公司财产独立于股东自己的财产的，应当对公司债务承担连带责任。

4. 有限责任公司的优势

（1）有限责任公司的风险较小。股东只以其出资额对公司承担有限责任，与个人的其他财产无关，因而如果公司破产，股东无须以个人财产作为债权的补偿。

（2）企业具有永续性。有限责任公司具有独立的续存时间，除非因破产或注销，不会因个别股东的意外而消失。

（3）经营管理规范。与个人独资企业和合伙企业相比，公司的所有权与经营权分离，可以聘任经理人员管理公司，能更好地适应市场竞争。

（4）企业信用较高。有限责任公司拥有独立的一定数额的注册资本，其信誉和地位比个人独资企业、合伙企业要高。

有限责任公司由于具有合伙企业的优点和公司所具有的法律保护，所以，近年来越来越受到创业者的欢迎，是一种非常有前途的企业所有权形式。

5. 有限责任公司的劣势

（1）有限责任公司设立程序比较复杂，注册时要提供比较详细的资料，要有公司章程。

（2）创办费用较高。

（3）为了规范公司治理结构，政府对公司的限制较多，法律法规的要求也较为严格。比如有限责任公司必须按照公司法的有关规定设立组织机构，依照法律、行政法规和公司章程的规定行使职权。

（四）股份有限公司

股份有限公司以其全部资本为等额股份，股东以其所持股份为限对公司承担责任，公司以其全部资产对公司的债务承担责任。

1. 股份有限公司的设立条件

设立股份有限公司包括以下条件，其他省略了的内容与有限责任公司基本一致。

（1）发起人符合法定人数。设立股份有限公司应当有 2~200 人为发起人，其中须有过半数的发起人在中国境内有住所。

（2）发起人自主约定认缴出资额。股份有限公司的注册资本为在公司登记机关登记的认缴股本总额。发起人的出资方式可以是货币，也可以用实物、工业产权、非专利技术、土地使用权作价出资。对作为出资的实物、工业产权、非专利技术或者土地使用权，必须进行评估作价，核实财产，并折合为股份。不得高估或者低估作价。土地使用权的评估作价，依照法律、行政法规的规定办理。

（3）股份发行、筹办事项符合法律规定。

（4）发起人制定《公司章程》。如公司是采用募集方式设立的，《公司章程》经创立大会通过。

（5）有公司名称，建立符合公司要求的组织机构。

（6）有固定的生产经营场所和必要的生产经营条件。

2. 股份有限公司的设立方式

在设立股份有限公司过程中，发起人承担公司的筹办事务。发起人应当签订《发起人协议》，明确各自在公司设立过程中的权利和义务，并在发起设立和募集设立两种方式中选择一种。

（1）发起设立

发起设立是指由发起人认缴公司应发行的全部股份而设立的公司。

如果股份有限公司采取发起设立的，注册资本应是在公司登记机关登记的全体发起人认缴的股本总额。在发起人认购的股份缴足前，不得向他人募集股份。发起人应当书面确认《公司章程》规定其认购的股份，并按照《公司章程》规定缴纳出资。以非货币财产出资的，应依法办理其财产权的转移手续。

法律、行政法规以及国务院决定对股份有限公司注册资本实缴、注册资本最低限额另有规定的，从其规定。

发起人认足《公司章程》规定的出资后，应当选举董事会和监事会，由董事会向公司登记机关报送《公司章程》以及法律、行政法规规定的其他文件，申请设立登记。

（2）募集设立

募集设立是指由发起人认购公司应发行股份的一部分，其余股份向社会公开募集或者向特定对象募集而设立公司。

设立股份有限公司，董事会应当于创立大会结束后 3 日内向公司登记机关申请设立登记。

3. 股份有限公司的优点

（1）可迅速聚集大量资本。股份有限公司是筹集大规模资本的有效的组织形式，可广泛聚集社会闲散资金形成资本，为广大公众提供了简便、灵活的投资渠道，也为企业提供了筹资渠道，有利于公司的成长，使某些需要巨额资本的产业得以建立。

（2）有利于分散投资者的风险。股份有限公司的股东以其所持股份为限对公司承担责任，与个人的其他财产无关，投资者可以投资多个公司，因而有利于分散风险。

（3）有利于接受社会监督。股份有限公司有利于资本产权的社会化和公众化，为了确保股东权益，需要把大企业的经营置于社会的监督之下，定期披露公司信息，因而有利于接受社会监督。

4. 股份有限公司的缺点

（1）公司开设和歇业的法定程序严格、复杂。

（2）公司抗风险能力较差，大多数股东缺乏责任感。

（3）公司的所有与控制的分离程度更高，经理人员往往不是股东，因此产生了出资者与经理人员之间的复杂的委托—代理关系，且大股东持有较多股权，不利于小股东的利益。

（4）公司财务与经营情况必须向公众披露，公司的商业秘密容易暴露。

（五）企业组织形式选择的策略

许多创业者认为，新创企业法律形式的最佳选择就是有限责任公司。然而，实际上，合伙企业、个人独资企业、一人有限责任公司、股份有限公司等也常常很受创业者欢迎，广泛存在于创业活动实践中。企业法律形式的选择有赖于创业者的目标和达成目标的实际资源状况。究竟哪种法律形式最适合新创企业呢？需要考虑下列问题。

（1）创业者（投资者）有多少人？

（2）承担有限责任对你很重要吗？例如，如果你有许多个人财产，这对你可能比较重要；而如果你没有什么个人财产，承担有限责任对你可能就不太重要。

（3）所有权的可转让性是重要还是不重要？

（4）你预料过新企业可能支付股利吗？如果想过，这些股利承受双重征税对你有多重要?

(5) 如果你决定离开企业,你会担心自己不在的时候企业能否持续经营下去吗?

(6) 保持企业较低的创办成本对你有多重要?

(7) 在将来,筹集企业所需追加资金的能力有多重要?

创业者在回答上述问题的基础上,不要考虑那些确实不能满足自己的目标和要求的企业法律形式,应依据其余企业法律形式、特点与目标接近的程度进行选择。

二、企业注册流程

(一) 新企业名称设计

新企业正式成立之前,必须进行企业名称设计,这是新企业注册的第一步。

企业名称是该类产品/服务企业的专有名称,是一个企业区别于其他企业或组织的特定标志,俗称"公司牌子"。显然,公司牌子是企业的无形资产,是可以世代相传的宝贵财富。拥有一个响亮的企业名称,是让消费者久闻大名的前提条件,也有利于提升公司的知名度与竞争力。

1. 企业名称的构成

根据国家工商行政管理总局发布的《企业名称登记管理规定》和《企业名称登记管理实施办法》,企业名称应当由行政区划、字号、行业、组织形式依次组成。如,南京苏宁电器股份有限公司、北京长空机械有限责任公司。非公司制企业可以申请用"厂""店""部""中心"作为企业名称的组织形式。

2. 企业命名的规定

(1) 企业只准使用一个名称,在某一个工商行政管理局辖区内,冠以同一行政区划名称的企业,不得与登记注册的同行业企业名称相同或近似。

(2) 企业法人名称中不得含有其他法人的名称,企业名称中不得含有另一个企业名称,企业分支机构名称应当冠以其所从属企业的名称,如内蒙古蒙牛乳业科尔沁有限责任公司。

(3) 企业名称应当使用符合国家规范的汉字,不得使用汉语拼音字母、阿拉伯数字。除国务院决定设立的企业外,企业名称不得冠以"中国""中华""全国""国家""国际"等字样。

（4）企业名称中的行政区划是本企业所在地县级以上行政区划的名称或地名。企业名称中行业用语表述的内容应当与企业经营范围一致。企业名称不应当明示或者暗示有超越其经营范围的业务。

（5）企业名称中的字号应当由两个以上字组成。企业名称可以使用自然人投资人的姓名作字号。

（6）企业名称不得含有下列内容和文字：有损于国家、社会公共利益的；可能对公众造成欺骗或者误解的；外国国家（地区）名称、国际组织名称；政党名称、党政军机关名称、群众组织名称、社会团体名称及部队番号；其他法律、行政法规规定禁止的。

3. 新企业名称设计的要点

公司名称除了要符合法律的有关规定之外，简洁、响亮、创意、新颖是其设计要点。

一般新企业名称设计要具备以下几个特性：

（1）思想性。努力挖掘企业名称的人文历史，展现厚重文化底蕴，体现企业的经营理念和哲学。

（2）独特性。强化企业命名的标志性和识别功能，突显企业名称的个性，独出心裁，使人留下深刻印象，避免雷同。

（3）清晰性。简洁明了，语感好，容易发音和传播。

（4）形象性。能表达或暗示商品形象和企业形象，富有想象力，意境优美。

（5）国际性。能够在全球传播，在外国语言中不会使人产生误解和错误的联想。

此外，公司名称是一个整体的名称，命名时要注意企业名称系统的统一性。企业的名称系统包括企业名称、产品名称、企业域名、企业商标和品牌名称等。

（二）新企业登记注册流程

不同类型的企业注册登记的流程不尽相同，新企业的注册登记一般流程如下。

1. 设立申请咨询

在正式申请办理工商注册登记手续前，创业者应当到当地工商行政管理局向有关人员咨询、了解申请工商注册登记的程序、要求，对于不清楚的问题要及时询问。

2. 企业名称预先核准

设立公司应当申请名称预先核准。初步拟定自己创办的企业名称后，在登记注册前要到当地的工商局注册分局进行电脑查询，确定自己拟定的公司名称与别人已经注册的企业名称没有相重，这个程序称之为"名称查重"。按照国家有关法律规定，企业名称具有专用性和排他性，一旦核准登记，在规定的范围内享有专用权，受法律保护，其他单位或个人不得与之混用或假冒。为取得工商局企业名称不相重的证明，在拟定名称时，最好事先拟有3、4个名称备用。

3. 前置审批

特殊行业需要前置审批，如外贸、餐饮、音像、电信、烟草、美发、广告、旅行社、报关等需到相关部门进行审批，获得许可证。

创业者应当按经营业务性质分别向民航、经贸、科技、金融、建筑、旅游等行业归口部门或发展和改革委员会提出申请。具体事项可以在登记前向工商行政管理局问询。比如，音像制品销售要到文化管理部门审批，食品制售要到卫生管理部门审批，烟草销售要到烟草专卖局审批，人才中介要到人事局审批，劳务服务要到劳动局审批，咖啡馆、酒店要到卫生部门、公安部门、酒类专卖局审批，餐饮业要到环保局、卫生局、消防管理局审批等。

4. 工商注册登记

工商登记是政府在对申请人进入市场的条件进行审查的基础上，通过注册登记确认申请者从事市场经营活动的资格，使其获得实际营业权的各项活动的总称。

改革工商登记制度后，注册资本实缴登记制度转变为认缴登记制度，工商部门只登记公司认缴的注册资本总额，无须登记实收资本，不再收取验资证明文件。同时，放宽了工商登记的其他条件。

全部公司注册事宜结束后，企业即进入正常经营阶段。

三、企业选址策略和技巧

科学而行之有效的选址对新企业的成长至关重要，因此，创业者必须掌握新企业选址的策略和技巧。创业者在为新企业选址时具体应注意以下几个方面。

1. 在收集与研究市场信息的基础上选址

市场信息对新企业选址的影响是不可忽视的，决定着创业者能否正确地做出选址决策。依据影响企业选址的各种因素，创业者可自己或借助中介机构收集市场信息，并对收集的多方面市场信息进行定性与定量的科学分析，在此基础上进行科学选址。

2. 在考察与评估备选地址的基础上选址

创业者要对多个备选地址进行实地考察，并采用科学的定量分析的方法对备选地址进行考察与评估。经过对备选地址的实地考察与定量分析，按照新企业"必需的"和"希望的"选址条件，对备选地址进行详细的比较分析后，选择出最佳地址。

3. 在咨询与听取多方建议的基础上选址

创业者经过咨询有经验的企业家或相关人士，把新企业选址的备选方案与最佳地址呈现出来，听取他们的意见与建议，获得有益的帮助。然后，综合分析各种信息、意见与建议，制定详细的备选地址优势与劣势对比表，按照新企业所进入的行业特点与新企业的市场定位等特征，综合运用选址的评估方法，最终做出正确的选址决策。

第二节
新企业的生存管理

企业注册登记完成后,意味着要正式经营一个新企业了。而要顺利地将新企业经营好,首先得对新企业的特点有所了解。

一、新企业的特征

1. 创业阶段风险高

产品质量相对不稳定,产品价格弹性大,公司运作无章可循,缺乏足够的、稳定的客户,外部资源获取难。企业必须在尽可能短的时间内适应市场环境和竞争规则,否则很容易被市场淘汰。

2. 以生存为首要目标

新企业在市场环境的巨大风险面前,缺乏用以抵御风险的规模和经验,因此,首要任务是在市场中立足,让消费者认识并接受自己的产品。在创业阶段,生存是第一位的,一切围绕生存运作。

3. 流动资金缺乏

新企业资金需求量较大,如果初期资金筹集不足,或启动阶段在固定资产、原料存货等投资过多,则会造成流动资金缺乏。而在此阶段,企业很难靠自我积累和债券融资等方式解决资金需求,一旦现金流出现赤字,企业将发生偿债危机,可能导致破产。

4. 企业状态不稳定

新企业基本的制度和管理模式很不完善,常常是有名义上的分工,但运转起来,往往需要创业者深入到企业的各个角落,承担各种角色。一些基本的规章制度处于缺失状态,随机偶然因素或个人影响力对企业的影响很大,企业经营活动的状态不稳定。

二、决定新企业组织形式的主要因素

企业组织形式反映了企业的性质、地位、作用和行为方式；规范了企业与出资人、企业与债权人、企业与政府、企业与企业、企业与员工等内外部关系。企业只有选择了合理的组织形式，才有可能充分地调动各个方面的积极性，使之充满生机和活力。在决定新企业的组织形式时，需要考虑如下几个因素。

1. 税收

在西方发达国家，新企业的创办人首先考虑的因素就是税收。在美国公司法中，也将这一因素称为决定性因素。在我国，对公司企业和合伙企业实行不同的纳税规定。国家对公司营业利润在企业环节上征公司税，税后利润作为股息分配给投资者，个人投资者还需要缴纳一次个人所得税；而合伙企业则不然，营业利润不征公司税，只征收合伙人分得收益的个人所得税。再对比合伙企业和股份有限公司；合伙企业要优于股份有限公司，因为合伙企业只征一次个人所得税，而股份有限公司还要再征一次企业所得税；如果综合考虑企业的税基、税率、优惠政策等多种因素的存在，股份有限公司也有有利的一面，因为国家的税收优惠政策一般都只为股份有限公司所适用。

2. 利润和亏损的承担方式

对于独资企业，业主无须和他人分享利润，但也要一人承担企业的亏损。对于合伙企业，如果合伙协议没有特别规定，利润和亏损由每个合伙人按相等的份额分享和承担。有限公司和股份公司，公司的利润是按股东持有的股份比例和股份种类分享的，对公司的亏损，股东个人不承担投资额以外的责任。

3. 资本和信用的需求程度

通常，如果投资人有一定的资本，但尚不足，又不想使事业的规模太大，或者扩大规模受到客观条件的限制，则更适宜采用合伙或有限公司的形式；如果所需资金巨大，并希望经营的事业规模宏大，则适宜采用股份制；如果创办人愿意以个人信用为企业信用的基础，且不准备扩展企业的规模，则适宜采用独资的方式。

此外，企业的存续期限、投资人的权利转让、投资人的责任范围、企业的控制和管理方式等因素都会对投资人在选择企业组织形式时形成影响，创业者必须对各项因素进行综合分析。

三、新企业组织形式的多元化发展

企业组织存在于一定的社会经济环境之中,像自然界一样,也是"适者生存"。为了适应企业不断发展变化的内外部环境,企业的组织形式也在不断发生着新的变化。

1. 组织重心两极化

买方市场的形成和竞争的不断加剧,使企业管理的工作重心由过去的生产问题逐渐转向新产品的开发研制和市场销售。从企业经营的过程来看,企业的组织结构特征正在形象地由"橄榄形"转变为"哑铃形"。所谓"橄榄形"企业形态,是指企业以生产为中心,以新产品开发和市场销售为辅助的企业形态,其工作的主要投入为生产过程,即"中间大,两头小";而"哑铃形"企业形态,则是以企业的新产品开发和市场销售为主,产品生产只是新产品开发的目的和市场销售的前奏,其工作的投入主要在两头,即"两头大,中间小"。

企业组织结构由"橄榄形"向"哑铃形"发生转变的最主要原因是企业市场环境的变化。买方市场形成、技术进步加快、新技术的不断应用等,都使得企业解决生存发展的核心问题由产品的生产问题转变为企业产品创新的速度和市场拓展能力的问题。在传统的大批量生产的工业经济时代,企业竞争取胜的法宝只是低成本,而当今和未来企业竞争取胜的关键将逐步转变为快捷的服务和全新的个性化。

2. 组织结构扁平化

由于电子计算机和互联网在企业生产经营中的应用日益普及,企业管理信息的收集、整理、传递以及经营控制手段逐步现代化,传统的"金字塔形"组织结构由于管理信息传递的层次多、速度慢、信息的衰变严重等,已经越来越严重地制约企业管理效率的提高,制约企业市场竞争能力的提高。这些因素直接促使传统组织结构向层次少的扁平化组织结构演变。

3. 组织运作柔性化

柔性的概念最初起源于柔性制造系统,是指制造过程的可变性、可调整性,描述的是生产系统对环境变化的适应能力。柔性概念应用到企业的组织结构上,是指企业组织结构的可调整性以及对环境变化的适应能力。很显然，企业组织结构发生这种变化，也是企业所处的社会经济环境不断变化的结果。随着新经济时代的到来，企业外部环境的变化已大大高于工业经济时代的变化，企业的战略和组织结构也将因此做出及时调整。所以，企业组织运作柔性化也将成为企业组织结构未来发展的一种趋势。

4. 团队组织形式兴起

所谓团队组织形式，是指由为数不多的团队成员承诺共同的工作目标和任务，并且互相承担责任的一种企业组织形式。这种组织形式多出现在知识型企业中。实践证明，这是一种非常适应企业现代经营环境的组织形式，因此备受赞誉，并被普遍推广采用。第一，团队组织与传统的部门不一样，它是自觉形成的，是为完成共同的任务，建立在自觉的信息共享、横向协调的基础上的；第二，在团队中，没有拥有制度化权利的管理者，团队成员不是专业化人才，而是多面手，具有多重技能；第三，团队中员工的分工界限不像传统的组织结构形式那么明确、严格，他们相互协作、彼此激励、共同承担责任。团队组织形式的采用，消除了因目标对立而引起的组织内耗增加，彼此之间的竞争关系转化为共同合作关系，团队成员相互取长补短、支持促进，从而提高了团队效率。团队组织具有的这些积极作用，使它得到了迅速普及和发展。

5. 企业整体形态创新

企业整体形态创新的根本原因是企业高新技术的不断运用以及互联网技术的不断发展。在高新技术，特别是互联网技术的激励下，企业模式正经历着一场深刻的、根本性的大转变。这场变革的结果就是企业内部组织结构的重大变化。

例如，虚拟企业就是企业组织形态创新的一种具体表现，也是企业整体形态创新的一种尝试。所谓虚拟企业，是在经济全球化、信息化、知识化的大环境下与传统企业相对而言的一种动态网络联盟企业。它最重要的特征是将传统企业固定的、封闭的集权式结构改变为灵活的、开放的网络式结构。这种网络式结构将所有协作伙伴、雇员、外部经销商、供货商和客户以各种不同的合作形式联系在一起，形成一个错综复杂的平面网络，彼此互相依存、紧密合作。

活动　模拟新企业的注册流程

根据大学生创业政策，模拟在市场监督管理局政务服务中心办理新企业工商注册流程。

无论在大公司，还是在小公司，创业者都要注意观察了解其基本运营成本，以及公司发展与工商、税务等政府部门都会发生哪些联系，深入了解有关大学生创业的国家、省市相关的政策法律等具体内容。

第九章 新企业的成长与经营战略

> **学习目标与任务**
> 1. 了解企业成长周期及发展阶段。
> 2. 掌握常见的企业成长战略,以及创业式营销战略的内容。

网红曲奇品牌 Akoko 发展之路

网红曲奇品牌 Akoko 在 2017 年创新中国秋季峰会上进入总决赛,并获得了著名天使投资人徐小平投出的 50 万,交换 1% 的股权。2018 年 1 月,Akoko 完成由愉悦资本领头、高榕资本跟投的 5000 万元 A 轮融资。

Akoko 主打短保质期曲奇食品,其产品不添加任何香精、防腐剂、膨松剂和泡打粉,因而保质期只有 30 天。除了对健康方面的考量,口感好也是其吸引顾客的关键所在。它的选材来自世界各地高品质的进口原料,如产自我国香港的美玫面粉、日本的天然抹茶粉和法国的总统黄油。除了入口即化的美妙口感,高颜值的外包装铁盒设计进一步提升了产品的精致度和个性化,提升了品牌形象,深受 18~35 岁女性消费者的喜爱。

创业者独木成林的时代已经一去不复返了,Akoko 深谙此道,巧妙地开展跨界资源整合,例如与唱吧 APP 开启了"Akoko 甜心魔方"情歌挑战赛;联合热门 IP,开发了诸如电影《唐人街探案》和电视剧《扶摇》的铁盒包装插画;涉足新零售,将曲奇饼干摆上盒马鲜生、超级物种等门店的货架。

踩准流量红利、借道 ToB 端和 ToC 端客户资源、玩转泛娱乐营销是 Akoko 的又一制胜法宝。创业早期,Akoko 通过微商获取客源、然后迅速切入 KOL 分销矩阵,对接热门微信公众号流量变现需求,实现迅速营销扩张,后打通今日头条和天猫入口,将流量导入天猫后一个月就做到了天猫曲奇饼干类目销售量第一。抖音也是 Akoko 发挥客户资源价值的好平台,通过直播、推送等提高产品的曝光率。

创业箴言

企业发展就是要发展一批狼。狼有三大特性:一是敏锐的嗅觉;二是不屈不挠、奋不顾身的进攻精神;三是群体奋斗的意识。

——任正非

第一节 企业成长周期

一、企业的成长概念

企业的成长包括以下三个层次：

第一层次是指企业量的增长，即企业持续获得生存和拓展所需的生产要素，从而使得企业持续成长成为可能。这种量上的成长主要表现为企业经营资源单纯量的增加，如销售增长率的提高、市场占有率的增加、利润增长率和规模扩张等外在表现形式。

第二层次是指企业将有限要素整合起来，合理配置，并且不断调整组织结构，建立和发展核心竞争力，从而实现企业质的飞跃。企业质上的成长主要有经营资源的性质变化、企业内部经营结构、技术结构和空间结构的更新和完善、组织结构等的发展和创新。

第三层次是指企业组织由简单到复杂，由低级到高级的过程，如企业内部组织结构协调性和管理的高效性的增强、企业制度的完善化和成熟化、更有效的资源配置、环境的适应以及对环境的迅速及时反映。

二、企业的成长阶段

第一阶段：机会驱动

这一阶段的企业主要依靠好的创意或凭借一些关系得到一个机会而创立。这一阶段企业的管理重点是获得利润。只有获得足够的利润，企业才能存活下来，并得到发展。这一时期，企业组织相对简单，人员和业务规模都比较小，企业经营和发展主要靠的是领导者或合伙人的个人魅力。

第二阶段：业务驱动

这一阶段的企业已经开发出了自己的产品，但要想在市场上站稳脚跟，还需要不断扩大市场占有率。这时候，需要引进"人才"，不断扩大业务。此时，随着人员不断增加，产量和市场不断扩大，管理的内容增多、难度加大，对领导者提出了更高的要求。如果企业领导者不能适应这种变化，就会出现第一次重大危机，称为"领导和内部秩序危机"，也称为"企业的青春期问题"。

第三阶段：管理驱动Ⅰ

成长到第三阶段的企业已经有了一定的规模，创业者往往无力对企业进行有效的管理和控制，因此企业必须加强管理，建立组织、流程和规范，克服"无政府主义"或管理失控状态。企业在前一阶段采取了引进管理人才、整顿内部、建立职能部门、实行集权管理等措施之后，成功渡过了第一次危机，然而这一阶段可能发生两种新的危机。首先，随着企业规模的扩张和管理层次的提高，这种功能型组织就会陷入第二次重大危机，即所谓的"专制危机"。这是由于企业刚刚从无秩序的阶段开始加强管理，由于还不能做到管理的收放有度而往往"矫枉过正"，从而引发专制危机。为适应市场，企业又不得不实行分权，往往采用事业部制组织架构。但由于组织层次的增加，协调难度加大，企业会逐渐失去对事业部的控制，遭受到第三次重大危机，即所谓"控制危机"。

第四阶段：管理驱动Ⅱ

在加强管理、发展到一定规模之后，很多企业开始出现了僵化、反应迟钝等"官僚主义"苗头，或者患上了"大企业病"。这时需要进行管理变革，克服"官僚主义"，进行流程优化和组织变革等。在这一阶段，通过加强中央控制，集中处理战略规划、人力资源、财务与投资等重大问题之后，各事业部处于掌握之下，但随之而来的是官僚制的滋生蔓延，文牍主义的泛滥，使企业遭遇到第四次重大危机，即所谓"活力危机"。这时企业已经比较稳定成熟，企业内部很多人已经失去了创业的激情和活力，开始注意关系和权力的平衡，讲究程序和地位，通常有能力、有个性的人会因为不堪忍受僵化的程序和文化而离开，企业会慢慢丧失活力。这时候企业必须通过创新和学习，开辟新的事业，引进新的人才和文化，才能继续发展。

第五阶段：创新驱动

当企业继续成长壮大，单一企业发展到了极限，就必须进行进一步的管理创新或者开拓新的事业，才能进一步发展。这时候，就需要进行创新和变革。然而在企业未来的成长过程中还会遇到很多说不清的危机，统称为"未知的危机"。

第二节
企业的成长战略与创业式营销战略

一、什么是战略管理

战略管理是指对一个企业或组织在一定时期的全局的、长远的发展方向、目标、任务和政策，以及资源调配做出的决策和管理艺术。从企业未来发展的角度来看，战略表现为一种计划（Plan），而从企业过去发展历程的角度来看，战略则表现为一种模式（Pattern）。如果从产业层次来看，战略表现为一种定位（Position）。而从企业层次来看，战略则表现为一种观念（Perspective）。此外，战略也表现为企业在竞争中采用的一种计谋（Ploy）。这是关于企业战略比较全面的看法，即著名的5P模型。

二、常见的企业成长战略

常见的企业成长战略分为单一化成长战略、一体化成长战略和多元化成长战略。

1. 单一化成长战略

该战略集中生产单一产品或服务，以快于过去的增长速度来增加销售额、利润额或市场占有率。该战略的优点在于：第一，将有限的资源、精力集中在某一专业，有利于在该专业做精做细。这相当于拿自己最擅长的东西与别人竞争，成功的概率较大。第二，有利于在自己擅长的领域创新。第三，有利于提高管理水平。由于长期处于单一元化经营，管理者可以很清楚需要采取什么管理手段，如何进行专业决策等。该战略的缺点在于：第一，将资金押在某一专业领域，风险相对较大。特别是当所在的行业处于衰退期，或者出现替代产品或服务时，其生存将成为很大的问题。第二，容易错失较好的投资机会。当一个企业过分单一元化时，就会将自己限制在一个领域内，不注意市场新的机会的出现，就会错失良好的投资机会，使机会白白浪费。

2. 一体化成长战略

该战略指企业有目的地将相互联系密切的经营活动纳入企业体系中,组成一个统一的经济组织进行全盘控制和调配,以求共同发展的一种战略,分为横向一体化战略、纵向一体化战略和混合一体化战略。横向一体化也称为水平一体化,是指与处于相同行业、生产同类产品或工艺相近的企业实现联合,实质是资本在同一产业和部门内的集中,目的是实现扩大规模、降低产品成本、巩固市场地位。纵向一体化也称为垂直一体化,是指生产或经营过程相互衔接、紧密联系的企业之间实现一体化,按物质流动的方向又可以划分为前向一体化和后向一体化。混合一体化指处于不同产业部门、不同市场且相互之间没有特别的生产技术联系的企业之间的联合。

3. 多元化成长战略

该战略也称为多样化或多角化战略,是企业为了获得最大的经济效益和长期稳定经营,开发有潜力的产品,或通过吸收、合并其他行业的企业,以充实系列产品结构,或者丰富产品组合结构的一种成长战略。多元化成长战略分为同心多角化战略,纵向多元化战略和复合多元化战略。需要说明的是,一体化成长战略着眼于集团整体的发展,而多元化成长战略着眼于产品结构的多样化。

三、彼得·德鲁克的创业式营销战略

"现代管理学之父"彼得·德鲁克把他的创业式营销战略分为四大类,他指出这四大类战略不相互排斥,但每一类都有最佳的前提条件和最佳的应用环境。

1. 主导一个新市场或新产业

彼得·德鲁克颇有新意地把主导一个新市场或新产业称为"孤注一掷"。这是美国内战时期南部联盟的一位骑兵将军常用的制胜之策。这位将军就是内森·贝德福德·福瑞斯特。福瑞斯特将军知道一切战略的秘诀就在于集中优势战斗力量,用于具有决定性的地方。要做到这一点,就要带着这种优势战斗力量,抢在对手前面到达决定性的战斗地点。在营销学上采用这种"孤注一掷"战略,企业家的目标是领导权,或是占领新市场或新产业。"孤注一掷"的目标并不一定是立即建立一个大企业,虽然这是它的最终目标,但是初始时它的目标是占据永久性的领导地位。

2. 开发当前未得到充分服务的市场

彼得·德鲁克认为,开辟并主导新市场或新产业的战略是风险最大的战略,按照他的推理,只有在满足下列条件之后才能成功地落实这个战略。

(1) 企业必须成功实现主导一个市场或产业的目标,不然就会彻底失败。

(2) 企业必须对形势进行彻底、认真的分析和评估,不然就不可能成功。

(3) 当基本的理念成功实现之后,必须继续进行大规模的投入,以维持领先地位。

(4) 营销战略的执行者必须敢于抢在竞争对手之前系统性地降低自己产品的价格。

3. 发现并占领专门化的"小生境"(Ecological Niche)

彼得·德鲁克提出的第三个创业式营销战略是发现并占领专门化的小生境,即"利基战略",这与菲利普·科特勒提出的"利基营销"(Niche Marketing)有异曲同工之妙。小生境指蕴含丰富市场机会但规模不大,别人不做的产品或服务。彼得·德鲁克认为这个战略与前面两个战略之间的区别在于,这个战略主要侧重于占据并控制住尚未被别人占领的位置,而不是如何去应对竞争。德鲁克认为,占据小生境可以让创业者免受竞争的冲击,因为这个市场不是很明显,或者潜力有限,实力强大的竞争对手对于市场前景有限的产品或服务都不愿意去做(如果去做,投入与产出不划算),这无疑给占领利基市场的弱势企业创造了极大的发展机会和生存空间。营销者占据这个利基市场之后,就找到了最适合自己的小生境。例如,美国 ICS 公司在计算机刚刚兴起时,向强大的 IBM 发起了进攻,但不是在 IBM 占据优势的商用计算机市场,而是教育计算机市场,这个市场虽然潜力小,但几乎没有任何竞争压力。虽然后来 IBM 试图进军教育计算机市场,但投入与收益不成正比,结果 IBM 主动选择退出,将这个市场拱手送给了 ICS。

4. 改变一个产品、市场或产业的效用、价值和经济特征

上文 3 种创业式营销战略均以推出一种创新为目的,而改变经济特征的战略本身就是一种创新:通过改变规则,在并未改变物理特征的情况下,改变产品、市场或产业的效用、价值和经济特征,从而实现创造客户的目的。彼得·德鲁克指出:企业的目的就是创造客户,这也是所有经济活动的最终目的。

改变效用、价值和特征的战略可以通过以下 4 种方式来达成创造客户的目的。

(1) 为客户创造效用

为客户创造效用是很简单的。创业者需要做的只是站在客户的立场上问一下自己

怎样才能让客户获得更多的便利和好处。

（2）改变一个产品的定价方式

彼得·德鲁克认为，定价的依据应该是客户的需求以及客户要买的东西，而不是生产商或供应商的成本。

（3）适应客户的社会与经济现状

彼得·德鲁克假设所有的客户永远是理性的，要坚持从消费者的角度出发，重视消费者依据的实际情况。

（4）为客户提供真正的价值

向客户提供所需的真正价值是指通过思考"消费者真正想购买的是什么""购买该产品能为消费者带来什么"等问题来满足客户真正的需求。

需要明确的是，这四种创业式营销战略并不互相排斥，企业往往会把其中两项，甚至三项整合在一个战略中。

活动　用科技创新打造企业名片

四川晨光信息自动化工程有限公司是一家专业从事"数字水利"行业"业务规划、项目设计、核心硬件研发生产、应用平台软件研发定制、应用系统集成及其运维服务"的民营科技型企业，长期致力于为水利水务行业客户提供"SCCG"品牌的"数字水利"专业软硬件产品与系统集成及其运维服务。公司成立于2001年2月，注册资本2100万元，现有员工151人，具有大学本科以上学历人员占52%，其中博士3人、硕士15人。

企业秉承"数字水利，造福华夏"的理念，主要经营范围包括：山洪（地质）灾害检测预警系统、中小河流水文监测及其洪水预报系统、水库动态监控管理系统、水电站水情测报安全防汛优化调度系统、水库大坝及水工建筑物安全监测预警系统、基于GIS平台的洪水预报系统、基于GIS平台的防汛抗旱指挥系统、基于GIS平台的水资源实时监控管理系统、基于GIS平台的环境水质监测管理系统。

2013年至2015年，公司年经营收入分别为：2801.22万元、3024.06万元、2574.13万元；年经营平均收入为2799.80万元。

科技创新是一个企业的载体，更是一个企业发展动力的源泉。四川晨光信息自动化工程有限公司的发展规划是：切实树立"工匠精神"，以创新促发展，至2020年，企业"数字水利"硬件拟新增"发明专利"3项、应用软件拟新增"软件著作权登记"12项、"水利先进实用技术推广产品"拟新增9套、入选"全国水利系统优秀产品招标重点推荐目录产品"拟增至38套；在此基础上，拟持续提升"SCCG品牌"的知名度，全方位拓展国内市场，并将"'SCCG'品牌的'数字水利'产品与服务"融入国家"一带一路"经济发展潮流，稳步走向"东南亚与中西亚"等国际市场。

1. 从上述案例中，你认为四川晨光信息自动化工程有限公司是如何打造企业名片的？
2. 对于新企业来说，应该如何打造企业自己的名片？

学习反思

在激烈市场竞争的今天，企业经营和成长战略已成为企业家与创业者所关心的首要问题，制定战略和实施战略已成为企业核心的管理职能，强有力地执行一个科学、缜密的战略是企业竞争制胜、经营成功的重要保证。

参 考 文 献

[1] 王卫红. 创新创业基础 [M]. 北京：北京师范大学出版社，2018.

[2] 胡龙廷. 大学生创业基础 [M]. 北京：机械工业出版社，2017.

[3] 金颖，黄艳艳. 财务管理学基础 [M]. 北京：清华大学出版社，2010.

[4] 王国红. 创业与企业管理 [M]. 北京：清华大学出版社，2007.

[5] 齐寅峰. 公司财务学 [M]. 4版. 北京：经济科学出版社，2008.

[6] 吴雅冰. 创业管理 [M]. 北京：中国人民大学出版社，2012.

[7] 宋文清. 创投机构如何完善创业企业财务管理 [J]. 中国科技投资，2006 (10)：60-61.

[8] 谢丹. 浅议企业内部财务控制 [J]. 财会通讯，2012 (10)：101-102.

[9] 戴华江. 论内部财务控制设计原则 [J]. 市场周刊，2007 (12)：59-60.

[10] 李映雪. 企业最优税收筹划规模的选择——基于有效税收筹划理论的研究 [J]. 广西财经学院学报，2009，22 (4)：56-59.

[11] 张梦霞. 市场营销学 [M]. 北京：北京邮电大学出版社，2007.

[12] 谢宗云. 市场营销实务 [M]. 成都：电子科技大学出版社，2007.

[13] 范巍，王重鸣. 创业倾向影响因素研究 [J]. 心理科学，2004，27 (5)：1087-1090.

[14] 汤淑琴，蔡莉，陈彪. 创业者经验研究回顾与展望 [J]. 外国经济与管理，2014，36 (1)：12-19.